KLARTEXT

Bildnachweis:
Imago images: /Ralph Lueger S. 11; /blickwinkel S. 16/17; /ZUMA/Keystone S. 29; /Eckehard Schulz S. 33; /phothek S. 41; /Peter Schickert S. 53; /imagebroker S. 56/57, 88, 104/105; /Geisser S. 71; /stock&people S. 75; /Tolo Balaguer S. 98/99; dpa picture alliance: /Hans Blossey S. 8; /Geisler-Fotopress/Farr S. 15; /malleBZ/dpa S. 14/15; /Thorsten Lang S. 22, 37; /Carola Frentzen S. 24; /Jens Kalaene S. 38, 82; /DUMONT Bildarchiv S. 59; /ZB|Sascha Steinach S. 77; /DUMONT Bildarchiv | Frank Heuer S. 83; /Rainer Hackenberg S. 91; /epa efe Montserrat Diez S. 96; /Ulrich Baumgarten S. 101; /Westend61 | Daniel Ingold S. 102/103; /Andreas Arnold S. 109 o.; /Eibner S. 109 u.; /Reuters S. 112; Adobe Stock: @ lunamarina S. 6/7, @ Bildgigant S. 27, @ Proslgn S. 31, @ xavi S. 43; @ dudlajzov S. 45, @ Dawid S. 46, @ nilsp S. 48/48, @ Riko Best S. 50/51, @ pkazmierczak S. 63, @ pixelliebe S. 64/65, @ Jan S. 68/69, @ Rico Löb S. 107, @ Simon Dannhauer S. 111; Hans Blossey S. 4/5, 20/21, 55, 67, 87, 92, 114; Frank Rumpf S. 34, 35

Bibliografische Information der Deutschen Nationalbibliothek
Die Deutsche Nationalbibliothek verzeichnet diese Publikation in der Deutschen Nationalbibliografie; detaillierte bibliografische Daten sind im Internet über portal.dnb.de abrufbar.

Impressum
1. Auflage September 2022
Layout und Satz: Joachim Bartels
Umschlaggestaltung: Guido Klütsch, Köln
Umschlagabbildungen: Adobe Stock: @Carola Vahldiek, @Jeanne Emmel, @ronny pflichtbeil/EyeEm, @Manuel; Imago images: /imagebroker; dpa picture alliance/Thorsten Lang
Druck und Bindung: Linsen Druckcenter GmbH, Siemensstraße 12–14, 47533 Kleve

© Klartext Verlag, Essen 2022
ISBN 978-3-8375-2505-2

KLARTEXT

Jakob Funke Medien Beteiligungs GmbH & Co. KG
Jakob-Funke-Platz 1, 45127 Essen
info.klartext@funkemedien.de
www.klartext-verlag.de

Frank Rumpf

Mallorca

**Populäre Irrtümer
und andere Wahrheiten**

Inhalt

Zum Geleit

. . . .

Mallorca, das ist Ballermann und gotische Kathedrale, Sangria-Eimer und Inselwein, Bergpanorama und Palmenstrand, Sonnenbrand und türkisgrünes Wasser, kurz: eine Insel voller Vielfalt und Widersprüche. Das macht sie so besonders und so liebenswert. Gerade für uns Deutsche, die wir nicht mehr von Mallorca lassen können, seit uns die ersten Pauschalflieger in den 1960er Jahren dorthin brachten.

Dieses Buch widmet sich dieser Vielfalt der Insel, die von den Einheimischen „sa roqueta" genannt wird, kleiner Felsen. Es will Traditionen erklären, Irrtümer ausräumen, Wahrheiten vertiefen.

Warnhinweis: „Geheimtipps" werden nicht geliefert. Das Gegenteil ist unser Ziel. Das, was die Insel prägt, was man kennt und schätzt, soll noch einmal näher betrachtet und in den Vordergrund gerückt werden. Es lohnt sich bei Mallorca, viel-

leicht mehr als bei anderen Orten. Albert Thelen schrieb einst den Roman „Insel des zweiten Gesichts". Dieses Buch könnten wir auch „Insel des zweiten Blicks" nennen. Trotzdem, oder gerade deshalb, sind hoffentlich auch Anregungen selbst für langjährige Inselbesucher dabei.

Seit fast fünf Jahrzehnten zieht es mich immer wieder nach Mallorca. Ich versuche, so viel Zeit wie möglich dort zu verbringen. Ich habe als Reisejournalist das große Glück, viele Orte kennenzulernen, doch Mallorca bleibt der ewige Magnet.

Gäbe es den kleinen Felsen nicht, man müsste ihn erfinden. Wenn das am Schluss Ihr Fazit ist, wäre es erfreulich. Lautete Ihr Fazit sogar: Da könnte man doch noch so viel mehr erzählen, wäre es das schönste Kompliment für Mallorca. Und für dieses Buch.

Sie erreichen mich bei Instagram unter @mallorcaquarterly

Wer blinkt, hat verloren. Kreisverkehr auf Mallorca

Wer sind die Mallorquiner?

Mallorquiner gelten als schweigsam, reserviert und geschäftstüchtig. Sie enthüllen nicht gern, was sie denken. So kam es zu einem Witz, der seit Jahrzehnten auf der Insel kursiert: Warum blinken Mallorquiner so selten beim Abbiegen? Weil sie ihre Absichten ungern gratis verraten.

Aber ist es wirklich Geldsucht? Der Anspruch der Mallorquiner, sich emotional und geistig nicht zu entblößen, ist in seinem Ansatz nahezu japanisch (die Japaner sind schließlich auch ein Inselvolk). Spätestens heutzutage, in Zeiten des Tourismus, ist das eine wunderbare Eigenschaft. Wenn sich zigtausend Gäste nahezu hemmungs- und hüllenlos geben, barbusig am Strand, mit kurzen Hosen und Schlappen im Restaurant, dann ist es verständlich, dass sich die Einheimischen selbst bedeckt halten. Das gilt gerade auch für die Kleidung. Den Mallorquiner erkennen Sie daran, dass er auch bei 30 Grad im Schatten vollständig angezogen ist.

Woher stammt das eigenwillige Inselvolk? Die Forschung ist nicht ganz konsistent. Die Vorfahren wurden zunächst in Südfrankreich verortet. Neue gentechnische Untersuchungen ergaben jedoch, dass die ersten Siedler wohl drei Jahrtausende vor Christi Geburt vom spanischen Festland aus anreisten, aus dem heutigen Katalonien. Auf den Balearen lebten sie in Höhlen, davon gab und gibt es viele. Sie waren Sammler, Jäger und Hirten und verteidigten ihre Insel mit Steinschleudern gegen jegliche Eindringlinge. Später bauten sie wehrhafte Siedlungen mit Häusern aus geschichteten Steinen, die sogenannten Talayots, deren Überreste noch vielerorts zu sehen sind, etwa in S'Illot an der Ostküste.

Dass die ersten Mallorquiner trotz ihrer Isolationsbemühung letztlich nicht unter sich blieben, war durch die verkehrsgünstige Lage im westlichen Mittelmeer zwischen Europa und Nordafrika unvermeidlich. Phönizier, Römer, Wikinger, Araber – sie alle landeten an und zeigten einen mal mehr, mal weniger invasiven Charakter bei unterschiedlicher Aufenthaltsdauer. Vieles, was wir heute sehen, ist Resultat dieser Besucher. Die Gäste haben etwas mitgebracht! Und die Einheimischen haben sich angepasst. Wir werden im Laufe dieses Buches Beispielen begegnen.

Könnte man sagen, um einen Blick über den Tellerrand zu wagen, Mallorca ist inzwischen als Einwanderungsziel und Schmelztiegel fast so etwas wie Klein-New York, nur mit der vierfachen Fläche und gewiss nicht so urban? Immer noch gibt es viel Zuwanderung. Von Kolumbianern bis Deutschen, von Argentiniern bis Schweizern, von Briten bis Marokkanern. Ob sie integriert sind oder nur als Gäste geduldet werden, die irgendwann wieder abreisen, ist allerdings die Frage.

Wie New Yorker halten Mallorquiner ihre Heimat für das Zentrum der Welt. Alles außerhalb ist nicht so wichtig. „Und was ist größer", fragte einst den Fremden ein Bauer aus Alaró mit dem Wunsch einer Erweiterung des Horizonts. „Mallorca oder das da draußen?"

Leider ist nicht überliefert, was der Fremde antwortete.

Noch vor wenigen Jahrzehnten war der Bewegungsradius auf der Insel so gering, dass es Mallorquiner gab, die nie das Meer sahen. Das berühmte Cover der Zeitschrift „The New Yorker" von 1976, auf dem Manhattan den Mittelpunkt der Erde darstellt und der Rest dahinter – Texas, Russland, China, Japan – als Randnotiz verschwindet, könnte man auch für Mallorca zeichnen. Wir erblicken noch Ibiza, die katalanische Küste, ein schemenhaftes Frankreich, und das war's.

Diese enge Weltsicht enthüllt auch das 1994 erschienene Buch „Geliebte Mallorquiner" von Guy de Forestier, aus dem in gemütlicher Inselrunde gern zitiert wird. Demnach unterteilen Mallorquiner die Welt in lediglich vier Völker. Die „Einheimischen", also die Mallorquiner; die „Katalanen", denen sie sich der gemeinsamen Herkunft wegen verbunden fühlen; die „Forasters", womit alle anderen Spanier gemeint sind; und schließlich die „Estrangers", also Sie, ich und der Rest der Welt.

Guy de Forestier heißt in Wirklichkeit Carlos García-Delgado Seguès und lebt als Architekt und Städteplaner auf Mallorca. Von ihm stammt auch die Begegnung mit dem Bauern aus Alaró. Er hat nicht nur einen guten Blick für Bauten, sondern auch für Menschen. Seit Jahren plant García-Delgado einen Ergänzungsband zu seinem kleinen Bestseller: „Geliebte Deutsche".

Wie selbstbezogen die Insel ist, fiel schon der ersten prominenten Touristin auf, der französischen Lebefrau George Sand. Sie schrieb über ihre Erlebnisse 1841 das Buch „Ein Winter auf Mallorca". Es war alles andere als eine Liebeserklärung (siehe Seite 24). Sand empfand die Mallorquiner nicht nur als zurückhaltend, sondern als misstrauisch, allem Fremden gegenüber ablehnend und provinziell.

Anderthalb Jahrhunderte später notierte ein anderer Beobachter, der deutsche Verleger Vito von Eichborn, in seinem Buch „Mein Mallorca", dass sich seit Sands Zeiten nicht viel verändert hat: „Keine Ecke Europas ist so weltläufig – und gleichzeitig so provinziell."

Blick in eine typisch mallorquinische Häusergasse des kleinen Städtchens Petra

Man kann es positiv wenden. Wer sich selbst genügt, ist weniger anfällig für atemlose Trends und Moden. Die Moden wechseln, Mallorca bleibt. In Orten wie Petra oder Montuïri, in den Gassen und Höfen Palmas meint man, die Welt habe sich seit den Mauren nicht wesentlich verändert. Sie wurde lediglich unauffällig modernisiert und renoviert. Das Geld für die Instandhaltung gibt es auf der Insel reichlich, wenn auch nicht gleichmäßig verteilt. Man sieht aber das Geld nicht. Oder nur selten. Die Protzbauten gehören den Zugezogenen.

Auch eine gewisse Langsamkeit oder Ruhe gehört zum Selbstverständnis. George Sand brachte diese Ruhe aus derselben: „Es gibt immer einen Grund, weswegen der Mallorquiner sich nicht beeilt." Man müsse Franzose sein, so die Pariser Autorin, also extravagant und hektisch, um zu verlangen, alles möge sofort geschehen.

Was aber ist die bessere Lebenseinstellung?

So versteht man nun auch den Ruf Mallorcas als „Insel der Ruhe". Denn genauso ist es von den bewundernswerten Einheimischen gemeint: Eile mit Weile. Nur die Ruhe. Heute ist heute, und mañana ist mañana. Nichts könnte besser zu einem Ferienparadies passen.

Arabische Spuren

Binissalem, Algaida, Alcúdia, Albufera: viele Ortsnamen tragen das arabische Erbe fort. Steckt ein „Al", „Ban" oder „Bin" im Namen, dann stammt das Dorf oder die Stadt wahrscheinlich aus der Zeit der Mauren.

Aus Nordafrika kommend, hatten Muslime die spanische Halbinsel bereits im frühen achten Jahrhundert nach Christi erobert. Zwischen 902 und 1229 herrschten sie auch auf Mallorca. Binissalem heißt Stamm oder Leute von Salem, Algaida leitet sich von der arabischen Bezeichnung für Wald ab, Alcúdia wird als „der Hügel" übersetzt. Albufera, das große Feuchtgebiet im Norden Mallorcas, ist dem Wort „albuhera" entlehnt, „der See".

Bei manchen Namen ist die Herkunft nicht mehr ganz so offensichtlich. Manacor, das urbane Zentrum des Inselostens, ist nach dem Berber-Clan Mancur benannt und nicht, wie es das romantisch gestimmte Stadtmarketing behauptet, eine Zusammensetzung aus „Man a cor", „Hand am Herz". Insofern führt das rote Herz im Wappen von Manacor historisch in die Irre.

Die Mauren bauten die Römergründung Palma zur Hauptstadt aus und nannten sie Medina Mayurqa, Stadt Mallorca. Meterdicke Mauern, Moscheen, Plätze, Häuser mit Innenhöfen, öffentliche Bäder und auch La Almudaina wurden errichtet. Einst eine Verteidigungsfestung, beherbergt die Almudaina gegenüber der Kathedrale heute die Militärkommandantur und ist Amtssitz des Königs, der als Ferienzuhause allerdings den Marivent-Palast im Westen Palmas bevorzugt. Der Hafen der Stadt wurde zu einem der wichtigsten Handelszentren des Mittelmeeres.

Der arabische Modernisierungswille erfasste nicht nur die neue Hauptstadt. Die ganze Insel wurde umgestaltet. In den Bergen entstanden aufwändige Bewässerungs- und Terrassensysteme. In Banyalbufar (ursprünglich „binya l-baḥr", „nahe am

Meer") stapeln sich noch heute zweitausend Terrassen in amorphen Linien vom Meeressaum hinauf. Auch die Wasserleitungen aus den Bergen und die Trockenmauern stammen zum Teil noch aus arabischer Zeit.

Viele neue Pflanzen und Früchte wurden nach Mallorca gebracht. Heute wirken sie wie selbstverständlich und naturgegeben, sie sind aber Importware: Reis, Artischocken, Safran, Orangen, Zitronen, Aprikosen, Mandeln.

Zunächst vom Emir von Córdoba auf dem Festland mitregiert, erkämpften sich die regionalen Befehlshaber die Unabhängigkeit. Mallorca wurde ein eigenständiges Emirat. Die drei Jahrhunderte unter den Mauren brachten einen beeindruckenden wirtschaftlichen und kulturellen Aufschwung. Politisch blieben sie eine unruhige Epoche mit blutigen Piraten- und Eroberungszügen, Überfällen und Invasionsversuchen. Die Balearen waren begehrt und militärisch für den Herrscher eine Rückversicherung wie heute ein strategisch platzierter Flugzeugträger. Wer sie besaß, kontrollierte das westliche Mittelmeer.

Im September 1229 landeten christliche Truppen unter dem 21-jährigen Jakob I. von Aragón – auf Katalanisch Jaume I. – an Mallorcas Südküste, nahe dem heutigen Santa Ponça. Die Muslime wehrten sich. Die befestigte Medina Mayurqa fiel erst am Silvestertag 1229. In den Bergen und Burgen im Inselinneren hielt der Widerstand noch Jahre an.

Unter Jaumes Nachfahren wurde Mallorca für kurze Zeit ein unabhängiges Königreich. Die beiden Könige Jaume II. und Jaume III. von Mallorca ruhen heute in der Kathedrale hoch über dem Altar nebeneinander, leider sind die Gräber nur auf besonderen Führungen zugänglich. Jaume I., dem der Name „der Eroberer" beigefügt wurde, ist auf dem Festland in einem Kloster in der Provinz Tarragona begraben.

Totgesagte trinken länger

Lasst uns feiern. Begeben wir uns an den wohl umstrittensten Ort Mallorcas. Seine bescheidene Herkunft ließ nicht erwarten, was einmal aus ihm werden sollte. Es handelt sich keineswegs nur um ein deutsches Phänomen, Spanier haben von Beginn an mitgemischt.

„Ba-Ba-Ballamann" sang die Erste Allgemeine Verunsicherung aus Österreich. „Mein Herz liegt noch am Ballermann", schmachtete Schlagerstar Wolfgang Petry. „Der Ballermann ist tot" schrieb die Tageszeitung „Die Welt".

Was denn nun? „Ba" wie „Bäh", Sehnsuchtsort oder tot?

Das hängt davon ab, wen man fragt. Die einen lieben ihn, die anderen hassen ihn, und manchen ist er völlig egal. Aber eines steht fest: Der Ballermann ist eine Sensation, ein Touristenmagnet und das bekannteste Markenzeichen Mallorcas. Unter Deutschen so geläufig wie das Oktoberfest in München oder die Hamburger Reeperbahn.

Dazu könnte man Mallorca gratulieren. Andere Urlaubsziele würden viel Geld bezahlen (und tun das tatsächlich), um nur einen halb so hohen Wiedererkennungswert zu erlangen. „Du warst auf Mallorca?" wird der Heimkehrer gefragt. Und dann folgt als nächstes: „Auch am Ballermann?"

Fluch oder Segen ist also die Frage.

Zunächst zu den harmlosen Anfängen.

In den frühen siebziger Jahren des vergangenen Jahrhunderts begab es sich am Strand von Palma, dass sich immer mehr Deutsche an der günstig gelegenen Strandbude Balneario 6 zusammenfanden, um

gemeinsam zu schwatzen, zu essen und zu trinken. Bald kamen auch die ersten Fußballvereine und Kegelclubs.

Die Strandbude war nichts Besonderes. Ein weiß und orange gefliester Flachbau, wenige Quadratmeter groß. Und wie der Name schon sagt, gab es mehrere davon. Zu Beginn waren es zehn, von Nummer 0 in Can Pastilla bis Nummer 9 in S'Arenal. Alle dreihundert Meter einer. Aber richtig Spaß machte es den Deutschen nur am Balneario 6. Er lag in der Nähe ihrer Hotels. Dort standen auch die anderen Deutschen, die ihr Bierchen kippten und unter spanischer Sonne so orange anliefen wie der Kiosk-Flachbau. Das ist das Geheimnis erfolgreicher Gastronomie: Die anderen sind auch schon alle da. Aus Balneario wurde Ballermann.

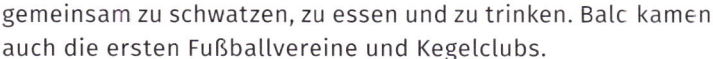

Regierte viele Sommer lang „König" Jürgen Drews und der Balneario 6 an der Playa de Palma in einer früheren Ausbaustufe

Das ließ sich leichter aussprechen, gerade zu fort-geschrittener Stunde und bei höherem Alkohol-pegel. Witzig war die Verballhornung auch.

Die Infrastruktur wuchs. Im Juli 1979 eröffnete die „König Pilsener Stube" und bot erstmals nieder-rheinisches Bier vom Fass direkt aus der Heimat. Ein paar Schritte entfernt trug bald die „Schinkenstraße" Klein-Deutschland in einen ganzen Straßenzug.

Als 1993 die Strandpromenade umgebaut wurde, erhöhte sich die Zahl der Balnearios. Auf Deutsch heißt Balneario „Kurbad" oder „Strandbad" und be-zieht sich auf den Strandabschnitt, nicht auf die Strandbude. Fortan gab es fünfzehn Abschnitte.

Zur Verwirrung der Stammgäste kehrte man deren Reihenfolge um. Die Kette startete nun mit Nummer 15 in Can

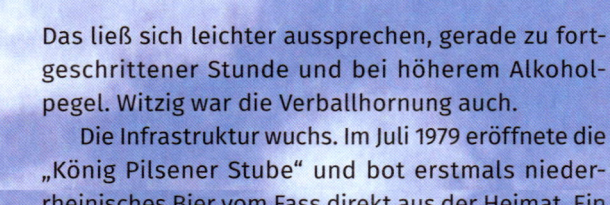

Pastilla und endet mit 1 in S'Arenal. Die Null entfiel. Die alten Kioske wurden abgerissen und durch Neubauten ersetzt. Der Spaß am Balneario 6, der nach dem Umbau dank der umgedrehten Zählung ungefähr noch am selben Ort zu finden war, blieb. Die Deutschen blieben auch. Prosit.

Das Spektakel gewann an Fahrt: Sangria-Eimer, nackte Brüste, riesige Grölhallen wie „Bierkönig", „Almrausch" und seit 2000 der „Megapark". Deutsche Schlagerstars gaben sich am Strand von Palma das Mikro in die Hand. Bernhard Brink und Costa Cordalis in der ersten Generation, Jürgen Drews, der den „Megapark" zu seiner zweiten Heimat machte. Heute engagieren sich Mickie Krause, Tim Toupet und Ikke Hüftgold als Pflegebeauftragte für deutsches Partyliedgut.

Bayern am Strand

Die Zone bierseliger Enthemmung breitete sich weiter aus und zieht inzwischen täglich Tausende Besucher an. Vor allem im Juli und August, wenn die deutschen Sportvereine spielfrei haben und ihre Mitglieder mit ulkigen Hemden erwartungsvoll in die Flieger steigen.

Allein in den „Megapark", diese tosende Kathedrale des Schreckens, passen viertausend Gäste. Stellen Sie sich vor, um ein Gefühl für die Menge zu bekommen, einhundert Reisebusse halten vor dem sandsteinfarbenen Klotz am Strand, um ihre feierwütige Fracht in die größte Freiluftdisko der Insel zu entlassen.

Irrtum Nummer eins: Hinter dem Ballermann stecken nur Deutsche. Mitnichten. Das „Köpi" gründete der Mallorquiner Antonio Ferrer; ihm und seinen Söhnen gehörte zu besten Zeiten ein Dutzend Lokale. Der „Megapark" wurde im Jahr 2000 von der mallorquinischen Grupo Cursach Ocio eröffnet.

Irrtum Nummer zwei: Es geht drunter und drüber wie nirgendwo sonst. Ganz gewiss gibt es Peinlichkeiten und Ausschweifungen, die Saison für Saison lustvoll von Privatsendern und Boulevardblättern an die staunenden Daheimgebliebenen in Bottrop oder Hamburg-Blankenese übermittelt werden (und manchmal vielleicht auch eigens provoziert wurden). Ausschweifungen gibt es aber auch andernorts, wo Gäste ihre Hemm- und Alkoholschwellen übertreten. Das ist nicht nur ein Ballermann-Phänomen. Auf Mallorca zum Beispiel findet man sie so oder so ähnlich in Palmanova oder Magaluf, den Epizentren britischer Feierfreude. Man findet sie auf der Nachbarinsel Ibiza. Im Winter beim Anton in Tirol. Das Münchner Oktoberfest erwähnten wir bereits.

Seit Jahren bemüht man sich, die Bestie zu zähmen, den Geist zurück in die, nun ja, Köpi-Flasche zu zwingen. Jedenfalls ein bisschen; doch mit behördlicher Gründlichkeit. „Verordnungen für zivilisiertes Zusammenleben" werden erlassen. Mehr als hundert Paragrafen verbieten die berüchtigten Sangria-Eimer sowie generell das Trinken von Alkohol auf der Straße. Oder das Tragen von Bikinis im öffentlichen Nahverkehr. Oder das Schlafen auf

Parkbänken. Sogar Hellsehen und Kartenlegen werden untersagt, sofern die amtliche Genehmigung fehlt. Hohe Geldstrafen bei Zuwiderhandlung. Erlaubt bleibt Tanzen auf den Tischen. Gesungen werden darf auch noch, aber nicht mehr so laut.

Jede Aufräumaktion trifft auf so viel Aufmerksamkeit wie die reklamierten Ausschweifungen. Das ist das Großartige und Absurde an Mallorcas berühmter Partymeile. Was eben noch igitt war, gilt plötzlich als vom Aussterben bedroht. „Die Stunde des Dynamits", dröhnte die Lokalzeitung „Ultima Hora", als Bagger anrückten, um Bausünden abzureißen. „Knigge für Malle-Touris!" posaunte alarmiert ein deutscher Fernsehsender, als sich Hoteliers und Gastronomen auf gemeinsame Verhaltensregeln einigten. Und der Sender konstatierte, unklar ob frohlockend oder bedauernd: „Bald ist Schluss mit den Exzessen!"

Auch für öde und tot wurde der Ballermann bereits erklärt, vielleicht die größte Demütigung. „Der Swing ist raus", notierte kaltherzig der „Spiegel". Der Ballermann hat „den Sangria-Löffel abgegeben" befand die Tageszeitung „Die Welt". Aber zur Beruhigung der Feierfans: Die Zeitung schrieb dies nicht etwa in den Corona-Jahren, als tatsächlich erstmals seit Jahrzehnten am Balneario 6 Friedhofsruhe herrschte, sondern ließ ihren „Nachruf auf einen lieben Albtraum" schon im Jahr 2003 erschallen. Wie man sich irren kann.

Der Ballermann ändert sich, die Regeln werden schärfer, der Müll ist ein Problem, Jürgen Drews singt nicht mehr, in der Schinkenstraße werden vegane Döner verlangt. Aber tot ist der Ballermann noch lange nicht.

Und eines sei auch notiert: Sein größter Platzvorteil und Ursprung, die Platja de Palma direkt vor der Tür, ist ein wirklich schöner Strand. Viereinhalb Kilometer lang und sehr gepflegt. Das Klima der Bucht ist das mildeste auf Mallorca. Es lohrt sich hinzufahren. Sie könnten anschließend daheim berichten: Ich war am Ballermann.

Zum Baden.

Das wird Ihre Zuhörer verblüffen.

12.000 Passagiere pro Stunde

Wer auf Ferieninseln mit dem Flugzeug ankommt, auf dem thailändischen Ko Samui oder dem kanarischen Lanzarote, erlebt oft schon am Flughafen Urlaubsgefühle. Kleines Ankunftsgebäude, frische Inselluft, man läuft zu Fuß vom Flieger zur Gepäckhalle. Wie anders ist der Flughafen von Mallorca, kurz PMI genannt!

Palma ist einer der Großen unter den Flughäfen dieser Erde, der drittgrößte Spaniens nach Madrid und Barcelona. Das Hauptterminal von 1997 beweist diesen Anspruch mit wuchtiger Dominanz, seine Fenster erinnern an Schießscharten einer spätmittelalterlichen Burg. Endlos scheinende Gänge über vier Etagen, zweihundert Check-in-Schalter, über achtzig Flugsteige. Sogar einen eigenen Ruheraum für Haustiere gibt es (auf dem Weg zum Abflugbereich C) und vier komfortable Lounges für menschliche VIPs.

Beeindruckend die Liste der angeflogenen Destinationen: 160 Ziele in 32 Ländern. 16 liegen allein in Deutschland (die Zahl schwankt leicht von Saison zu Saison). Von Karlsruhe bis Dortmund, von Leipzig bis Memmingen. Düsseldorf ist der Spitzenreiter, keine deutsche Stadt schickt mehr Flieger. Man kommt schneller von Düsseldorf nach Mallorca als nach Sylt oder Rügen.

Deutschland ist auch die Nummer eins der Herkunftsländer. Erst auf Platz zwei folgt Spanien selbst, dann, auf Platz drei, Großbritannien. Das erklärt, warum die Hinweisschilder neben Mallorquinisch auf Deutsch und Englisch geschrieben sind. Ganz unten folgt Spanisch. Ist der vierte Rang ein Seitenhieb gegen-

über dem Festland oder als Einrahmen der beiden Gästesprachen zu verstehen?

Wie kaum ein anderer internationaler Flughafen hegt Palma eine Vorliebe für die Provinz. Es gibt Direktflüge nach Bergen und Stavanger in Norwegen, Newcastle und Southampton in England, Kattowitz und Krakau in Polen, Bergamo und Bari in Italien. Orte sind darunter, von denen man gar nicht wusste, dass sie einen Flughafen besitzen. Im Sommer gelangt man aber auch nonstop in neun Stunden von der kleinen Insel nach New York.

Noch mehr Zahlen: 12.000 Mitarbeiter stellen sicher, dass bis zu 30 Millionen Passagiere (Rekordjahr 2019) abgefertigt werden können. 30 Millionen, das ist drei Mal die Bevölkerung Schwedens. Zu Spitzenzeiten landen oder starten über 12.000 Passagiere – pro Stunde. Wer wundert sich da noch über die Völkerwanderung in den Terminalfluren im geschäftigsten Monat des Jahres, dem August?

Und sie alle müssen vor dem Rückflug durch den Duty-Free-Bereich, ein Hindernisparcours der vollgestellten Regale als letzte Prüfung vor dem Einsteigen. Das Warenlager mit fast dreihundert Marken liegt direkt hinter den Sicherheitskontrollen. In der Hauptsaison schließt es nicht einmal nachts, die Kassen klingeln rund um die Uhr.

Wer noch nicht alle Souvenirs zusammen hat, kann nun zugreifen. Man stelle sich vor, nur jeder Zehnte der 30 Millionen Passagiere bediente sich an den Ensaïmada-Stapeln oder den Batterien mallorquinischer Kräuterlikör- und Olivenöl-Flaschen. Bis zu drei Millionen Liter Likör schleppten dann die Fluggäste Jahr für Jahr außer Landes. Damit könnte man mehrere Hotelpools der Insel bis zum Rand füllen. Aber wer will schon in Kräuterlikör baden.

Warum San Francisco mallorquinisch ist

· ·

Vor der Basilika Sant Francesc in Palma steht eine Bronzestatue. Sie zeigt einen Mönch mit einem Kreuz in der rechten Hand und einem nackten Indianerjungen zur Linken. Der Mönch ist Juníper Serra, 2015 von Papst Franziskus heiliggesprochen und Ahnherr von San Francisco in Kalifornien.

Befragte man Besucher nach berühmten Mallorquinern, hätte Rafael Nadal gute Chancen. Würde aber Juníper Serra genannt, wäre es eine Überraschung. Dabei gründete der 1713 in Petra bei Manacor geborene Serra elf Missionen in Kalifornien, die sich zu den bekanntesten Städten der USA entwickelten, darunter San Diego, Los Angeles, Santa Barbara, Monterey und San Francisco. Doch, es gibt Mallorquiner, die ihre Insel verlassen und in die Welt streben. Getrieben von ihrem Glauben und vielleicht auch von der Entdeckerlust. Juníper Serra gehörte zu diesen Suchenden.

In Kalifornien kennt den kleinen Franziskaner, Serra maß wohl nur 1,50 Meter, fast jedes Kind. Im Kapitol in Washington steht seine Büste, im Geschichtsunterricht wird über ihn berichtet, die amerikanische Post gab eine Briefmarke mit seinem

Städtegründer Juníper Serra

Konterfei heraus. Umso erstaunlicher, dass auf Mallorca außerhalb von Petra so wenig Aufhebens um ihn gemacht wird.

Sein Heimatdorf ist eine kleine Landgemeinde geblieben mit engen Straßen und gemütlichen Plätzen, umgeben von Feldern und Wein, heute heimgesucht von vielen Fahrradfahrern. Unter den verehrten Heiligen in der Kirche des leider 2018 aufgegebenen Klosters Sant Bernardí fand Serra die Namen für seine kalifornischen Gründungen: der Heilige Jakobus (spanisch: San Diego), der Heilige Franziskus (San Francisco), die Heilige Maria, Königin der Engel (Los Angeles), die Heilige Barbara (Santa Barbara), die Heilige Klara (Santa Clara, bei San Francisco) und der Heilige Bonaventura (Ventura, zwischen Malibu und Santa Barbara).

Serras Auftrag Mitte des 18. Jahrhunderts war die Bekehrung der nordamerikanischen Ureinwohner zum katholischen Glauben, ob sie wollten oder nicht. Spanien versuchte so sicherzustellen, dass neben Mexiko auch Kalifornien in seinem Einflussgebiet blieb und nicht an die Russen fiel, die von Alaska nach Süden drängten.

Serras Eltern und seine Schwester ruhen in Petra, der Missionar selbst ist in Carmel begraben, auch das eine Mission von ihm, ursprünglich San Carlos Borromeo del Río Carmelo genannt. Er starb dort mit 71 Jahren am 28. August 1784. Nach Mallorca war er nie zurückgekehrt.

Viele Mallorquiner sind stolz auf ihren Landsmann. Doch auch die Kritik ist gewachsen. Die Bekehrung erst durch die Jesuiten, dann durch Serra und die Franziskaner zwang den Ureinwohnern nicht nur den Glauben auf, sie verursachte ein Massensterben durch eingeschleppte Krankheiten und veränderte Lebensweisen.

An Vehemenz gewann die Kritik im Sommer 2020. Proteste gegen Statuen von Serra in San Francisco und Ventura schwappten nach Mallorca über. Mit roter Farbe wurde „RACISTA" („Rassist") auf den Sockel der Statue in Palma geschrieben. Im Heimatdorf des Mönchs zog jemand seiner Steinfigur eine Tüte über den Kopf. Beides, Tüte wie Farbe, wurde zügig entfernt. Heute steht in Palma bloß wieder eine grün angelaufene Bronzestatue, und Besucher wundern sich: Wer war der Mann?

„Ranzig und Ekel erregend"

Eines der bekanntesten Bücher über die Insel ist „Ein Winter auf Mallorca" der französischen Schriftstellerin George Sand. Oft wird angenommen, es sei eine Liebeserklärung. Das Gegenteil ist der Fall.

Der prominente Besuch wird vor allem im hübschen Bergstädtchen Valldemossa, einem der Handlungsorte, immer wieder erwähnt. Im November 1838 reiste die Pariser Gesellschaftsdame und Schriftstellerin George Sand von Barcelona aus auf einem Schiff nach Mallorca. Mit dabei waren ihre beiden Kinder und ihr neuer Liebhaber, der an Tuberkulose erkrankte Komponist Frédéric Chopin. Sie wollten in Palma und einem Kloster des Kartäuserordens in Valldemossa dem Winter entfliehen.

Die Reisegruppe aus Frankreich blieb knapp vier Monate bis zum nächsten Februar – und hasste es. Das kaltfeuchte Wetter, die distanzierten Einheimischen, die auf das unkonventionelle und unverheiratete Paar mit Unverständnis reagierten, die logistischen Schwierigkeiten. George Sands knapp 200 Seiten umfassender Bericht liest sich wie die längste Reisereklamation, die je

Konnten Mallorca nicht leiden: George Sand und Frédéric Chopin

über Mallorca geschrieben wurde. Natürlich gab es keine Rückerstattung. Die Pauschalreise erfand der Engländer Thomas Cook erst drei Jahre später.

Dass der Aufenthalt so missglückte, wird in den Broschüren des Fremdenverkehrs jedoch meist verschwiegen. Mit Chopin-Statuen schmeichelt man sich hier und dort des Komponistenbesuches, das Buch seiner Geliebten liegt in den Geschäften aus, als wäre nichts vorgefallen. Was wäre Valldemossa ohne diese berühmten Gäste! Die Busparkplätze stünden leer, und eine Flanierzone, in deren Cafés der Cappuccino zu Hauptstadtpreisen serviert wird, gäbe es vermutlich auch nicht.

Die Beobachtungen der Schriftstellerin, die bürgerlich Amantine Aurore Lucile Dupin de Francueil hieß und sich, um ihrem männlichen Pseudonym gerecht zu werden, in Paris im Hosenanzug und mit Zigarre zeigte, sind selbstgefällig und eitel, manchmal gemein, stets aber amüsant. Sand wusste, dass sie provozierte, auch beleidigte, und fand die Empörung der Mallorquiner wiederum urkomisch.

In einem dem Haupttext vorangestellten „Brief" klagte sie, „dass die geschicktesten Anwälte Palmas, vierzig an der Zahl, sich, nachdem sie meinen Bericht gelesen hatten, versammelt haben, um mit vereinten Kräften ein schreckliches Schriftstück gegen den unmoralischen Schriftsteller aufzusetzen, der über ihre Habsucht und ihre Hingabe an die Schweinezucht lachte." Das Buch hat noch gar nicht richtig begonnen, und schon feuerte Sand ihre ersten Tiefschläge ab. Habsüchtige, Schweinezüchter, Gruppenmobbing! Vierzig Anwälte wie die vierzig Räuber.

Naiv, misstrauisch, träge, nachlässig, grandios unreinlich und mit krummen Beinen – so beschrieb Sand die Einheimischen. Es war wirklich keine Liebe auf den ersten Blick, und auch nicht auf den zweiten.

So gut wie nichts gelingt den tölpelhaften Bewohnern, fand die Französin. Herrliche Orangen hätten sie, viel bessere als in Frankreich, doch seien sie nicht in der Lage, die Früchte auch außer Landes zu schaffen. Das Olivenöl, das die Bauern auf ihren Ölbaumplantagen gewinnen, sei „ranzig und Ekel erregend".

Konnte man sich das Elend wenigstens schön trinken? Leider nein, jammerte die verwöhnte Großstädterin. Die Kunst der Herstellung von Rotwein sei den Ortsansässigen „bisher verborgen geblieben". Auch die Landesküche sei erschütternd monothematisch: Es gebe „bestimmt mehr als zweitausend Gerichte vom Schwein". Als wäre das nicht prekär genug, seien diese Gerichte „allesamt so reichlich mit Knoblauch, Pfeffer, Paprika und sonstigen scharfen Gewürzen versehen, dass man bei jedem Bissen dem Tod ins Auge schaut".

Die Landbevölkerung sei „voller Unschuld und Einfalt". Aber die Städter seien nicht besser. Mit den geschwätzigen Kreisen, die Sand aus Paris kannte, hatten die Palmesaner trotz ihrer weitläufigen Stadtpaläste nichts gemein. „Man trifft den Herrn des Hauses stehend, er raucht in tiefes Schweigen gehüllt; die Dame des Hauses sitzt in einem großen Sessel und spielt gedankenlos mit ihrem Fächer." Fünfzehn Mal habe man klingeln müssen, um zu diesen schweigenden Herrschaften vorzudringen, ächzte Sand. Dann erst öffnete „eine mürrische Magd mit abstehenden Haaren".

Jetzt zu den logistischen Schwierigkeiten. Die Reisegruppe Chopin-Sand suchte eine Unterkunft. „In Palma muss man Beziehungen haben", maulte Sand, „und mindestens zwanzig wichtigen Personen angekündigt worden sein sowie seit mehreren Monaten erwartet, um darauf hoffen zu dürfen, nicht auf freiem Felde schlafen zu müssen." Die Vier kamen dann doch noch in zwei Zimmern unter. Aber sie entsprachen nicht dem gewohnten Standard. Die Betten zum Beispiel, quengelte sie mit Ironie, seien „so weich und gemütlich wie eine Schiefertafel". Man ahnt, welche Wucht George Sand heutzutage auf den Bewertungsportalen im Internet entfalten könnte.

Man zog weiter, erst in eine Villa in der Nähe von Palma, dann in die zugige Kartause von Valldemossa („keinerlei architektonische Schönheit") am Rande des Tramuntana-Gebirges.

Immerhin gefiel die Landschaft. „Für die Maler ist Mallorca tatsächlich eine der schönsten Gegenden der Welt und eine der

Ist doch ganz hübsch hier: Valldemossa

unbekanntesten." Und auch Palma sei als Kulisse nicht zu verachten: „Mehrere erstklassige Monumente der Schönheit oder der Seltenheit" urteilte die Beschwerdeführerin großzügig.

Läuft es im Urlaub nicht rund, kommt schlechtes Wetter hinzu. Nichts weniger als eine „zweimonatige Sintflut" suchte prompt die Gäste heim. Chopin nutzte die Gelegenheit und komponierte seine bekannte Regentropfen-Prélude. Die Tuberkulose des Künstlers wurde allerdings unter solchen Umständen nicht besser, eine Lungenentzündung stellte sich ein. Die ebenfalls bibbernde Sand gab zu Protokoll: „Nie zuvor hatte ich derart unter der Kälte gelitten."

Als die Gruppe im Februar zur Abreise aufbrach, war sie froh, den Balearen den Rücken kehren zu können. Vermutlich begrüßten auch die Einheimischen den Ausmarsch der hustenden Nörgeltruppe. Als sie auf dem spanischen Festland vom französischen Konsul empfangen wurden, rief Sand wie aus der Hölle gerettet: „Vive la France!"

Schon damals galt wie heute: Mancher reist um die Welt, nur um festzustellen, dass es zuhause am schönsten ist.

Putzfrau vor Bikini

Anfang der 1960er Jahre kam der Pauschalurlaub auf Mallorca in Schwung. Neckermann veröffentliche 1962 den ersten Reisekatalog, sechs Seiten schmal, aber die künftige deutsche Lieblingsinsel stand auf dem Titelblatt schon ganz oben.

Ende desselben Jahres konnte auf dem gerade erst für den Zivilverkehr freigegebenen Flughafen Son Sant Joan der eine millionste Passagier begrüßt werden. Vielleicht war unter den Aussteigenden die eine oder andere Putzfrau. Bei Neckermann kosteten 15 Tage Vollpension auf Mallorca ab 338 Mark. Das konnten sich wohl auch Reinigungskräfte leisten. Der Monatsverdienst im deutschen Dienstleistungsgewerbe betrug 1962 611 Mark. Und was hinzukam: Für ein paar D-Mark bekam man einen Haufen Peseten, Bier und Wein kosteten so gut wie nichts. Urlaub auf Mallorca war sensationell günstig.

Weil es so günstig war, entstand der Beiname Putzfraueninsel. Im Sinne von „kann sich auch eine Putzfrau leisten". Wer ihn erfunden hat, wo er das erste Mal geschrieben stand, ob er wohlwollend gemeint war oder eher hämisch, liegt im Dunkeln der Geschichte. Manche behaupten, er sei eine boshafte Erfindung von Ibiza-Urlaubern, die auf die größere Nachbarinsel hinabsahen. Öffentlich bekannt geworden sind Gruppen deutscher Putzfrauen auf Mallorca jedenfalls weder im Jahr 1962 noch später. Auch keine Ansammlungen von Klempnerinnen, Friseurinnen oder Professorinnen.

Häufiger tauchte die Bezeichnung in den Medien erst in den 1990er Jahren auf, als Mallorca teurer wurde und sich immer mehr Prominente und reiche Industrielle dort niederließen. Der „Spiegel" schrieb im August 1997: „Aus der sogenannten Putzfraueninsel ist das Florida des wohlhabenden Bundesbürgers ge-

Hätte Schutzpatronin Mallorcas werden können: Elke Sommer

worden." Mallorca war plötzlich die „ehemalige Putzfraueninsel", eine Beschreibung ex negativo sozusagen. Was nicht mehr ist, wurde im Nachhinein wahr.

Es hätte spitznamentechnisch natürlich ganz anders laufen können. Denn 1962 entdeckte außer Neckermann noch eine weitere Deutsche die Insel, und ihre Anwesenheit wurde im Gegensatz zur Putzfrau aktenkundig. Die Schauspielerin Elke Sommer, 21 Jahre alt, drehte an der Bucht von Palma einen Film. Ein Fotograf lichtete sie in ihrer strahlenden Jugendlichkeit ab, in einem Bikini. Einem sehr knappen Bikini, selbst aus heutiger Sicht. Das Problem: Unter Franco waren in Spanien Bikinis verboten.

Das Foto sorgte für Aufregung. Elke Sommer, so mutmaßte eine Zeitung, trug auf Mallorca „den ersten Bikini Spaniens". Ein Omen für das, was noch kommen sollte.

„Bikini-Insel" wäre also auch ein schöner Beiname gewesen. Sex sells heißt es doch. Aber offenbar nicht immer. Auf Mallorca, schließlich Ziel für die ganze Familie, siegte die brave Putzfrau.

Mallorca. Eine Zeitreise

Wie aus alten Steinhäusern Bettenburgen aus Beton wurden und aus einem unabhängigen Königreich fast ein 17. deutsches Bundesland. Meilensteine in Mallorcas Geschichte.

3.000 vor Christus   Die Balearen werden besiedelt

1300 bis 500 v. Chr.   Talayotische Dörfer aus großen Steinhäusern. Die Bewohner gelten als geschickte Steinschleuderer; „werfen" heißt auf Altgriechisch „bállein", daher wohl der Name Balearen.

123 vor Chr.   Die Römer besetzen mit 3.000 Legionären Mallorca.

122 vor Chr.   Palmaria Palmensis (Palma) im Süden und das zunächst wichtigere Pollentia (Pollença) im Norden werden gegründet.

902/903 n. Chr.   Die Balearen kommen unter muslimische Herrschaft. Palma wird in Madina Mayūrqa (Stadt Mallorca) umbenannt und Hauptstadt.

1229   Eroberung Mallorcas durch die Christen unter Jaume I.

1230   Grundsteinlegung der Kathedrale über der alten Hauptmoschee

1276   Jaume II. ruft das unabhängige Königreich Mallorca aus (bis 1349).

1531   Gründung des Knabenchors els Blauets im Wallfahrtsort Lluc. Er singt bis heute.

Juníper Serra wird in Petra geboren. Als Franziskanermönch gründet er später u. a. San Francisco.

George Sand und Frédéric Chopin verbringen unerfreuliche Wintermonate in Palma und der Kartause von Valldemossa.

Der Leuchtturm am Cap de Formentor geht in Betrieb.

Der österreichische Erzherzog Ludwig Salvator reist nach Mallorca und veröffentlicht später sein siebenbändiges Werk „Die Balearen in Wort und Bild".

Der Unternehmer und Journalist Enrique Alzamora Gomà gründet den ältesten Tourismusverband Spaniens, den Fomento del Turismo de Mallorca.

Die private Eisenbahngesellschaft „Ferrocarril de Sóller" eröffnet die Bahnstrecke Palma–Sóller und die Straßenbahnstrecke Sóller–Port de Sóller. Die historischen Bahnen sind heute noch im Einsatz und eine touristische Attraktion.

Historische Straßenbahn in Port de Sóller

1929	Der aus Argentinien stammende Maler und Dichter Adán Diehl eröffnet das legendäre Hotel Formentor.
1934	Das Hotel Eureka nimmt an der Bucht von Son Servera, im heutigen Cala Millor, den Betrieb auf. Bis 1958 blieb es das einzige Hotel am Ort.
7. Juli 1960	Die umgebaute Militärbasis Son Sant Joan öffnet als Verkehrsflughafen, zunächst mit nur einer Start- und Landebahn.
1962	Quelle und Neckermann bieten erste Pauschalreisen nach Mallorca an; erstmals 1 Mio. Passagiere am Flughafen Palma.
1964	Der erste Golfplatz, Son Vida, wird eröffnet. Rainier von Monaco schlägt den ersten Ball.
1971	Die deutschsprachige Wochenzeitschrift „Mallorca Magazin" erscheint; im Mai 2000 folgt das Konkurrenzblatt „Mallorca Zeitung".
11. Juli 1979	Die „König Pilsener Stube" eröffnet am Ballermann mit deutschem Bier vom Fass.
1983	Die Balearen werden eine autonome Region.
3. Juni 1986	Tennisspieler Rafael Nadal wird in Manacor geboren. 2008 wird er Weltranglistenerster.
1993	Die Strandpromenade von Palma wird umgebaut, die Zahl der Balnearios steigt auf 15.
1994	Der CSU-Abgeordnete Dionys Jobst schlägt vor, Mallorca zum 17. Bundesland zu machen; er selbst war noch nie auf der Insel.

Der modernisierte Flughafen Son Sant Joan wird ein-
geweiht.

1997 ....

Eröffnung des Sóller-Tunnels; Thomas Gottschalk nennt
Jürgen Drews in „Wetten dass..?" erstmals „König von
Mallorca".

1999 ....

„Wetten dass..? in der Arena von Palma im Jahr 2007. Fünf Mal gastierte
die Show hier.

Die Serra de Tramuntana wird UNESCO-Weltkulturerbe.

2011 ....

Wegen der Corona-Pandemie schließt Spanien seine
Landesgrenzen. Auch Mallorca geht in den Lockdown.
Erst ab Mitte Juni 2020 dürfen deutsche Touristen wieder
auf die Insel.

16. März 2020 ....

Der Partytempel „Megapark" am Ballermann öffnet um
10.30 Uhr vormittags nach zweieinhalb Jahren Corona-
Zwangspause. Die Insel erwartet eine volle Saison.

7. April 2022 ....

Palmas schönste Läden

Große Kaufhäuser, globale Ketten und die unvermeidlichen Coffeeshops: Zeigt sich so auch die Einkaufsstadt Palma? In weiten Teilen schon, aber zum Glück haben auch noch echte Traditionsläden überlebt. Die Stadt tut einiges dafür, sie zu schützen.

Wenn man auf Mallorca ausnahmsweise einen Regenschirm braucht, dann geht man zur Familie Segura in Palma. Seit 1910, als von Hotelburgen am Strand noch nichts zu sehen war, bietet „Paraguas" in der Carrer de Jaume II Stock- und Taschenschirme für Damen, für Herren, für Kinder. Es sind Hunderte, die wie eine Schar bunter Stelzvögel in den Wandregalen stehen, eingewickelt in Folie. Früher wurden sie alle an Ort und Stelle gefertigt, heute kommt die Mehrzahl aus China.

Fächer gefällig? Marivel Moya Segura zeigt die Ware bei „Paraguas".

Wer keinen Schirm braucht, der kauft bei „Paraguas" Fächer gegen die Sommerhitze. Kastagnetten gibt es auch. Und Schuhanzieher. Und Spazierstöcke mit einem Totenkopf, einer Ente oder einem Golfball als Knauf.

So besonders das Warenangebot, so ungewöhnlich das Geschäft. Es ist wunderbar altmodisch und fällt deshalb umso mehr auf. Denn die Hauptstadt der Balearen ist längst eine moderne Shopping-Metropole geworden, wie die Städte auf dem Festland. Schon in den 1930er Jahren wurde begonnen, das Zentrum nach italienischem Vorbild mit Arkaden und Flaniermeilen zu verschönern, um ihm ein weltstädtisches Gepräge zu verleihen. Am Boulevard Born nahe der Kathedrale ließen sich die großen Luxusmarken mit pompösen Shoppingpalästen nieder. In der Altstadt zwischen Rathaus und

Plaça d'Espanya finden sich immer mehr Ableger der internationalen Ketten.

Auf Mallorca befürchten deshalb nicht wenige, dass Palma trotz seiner einmaligen Altstadtgassen und Jugendstilfassaden zur Kulisse für ein weltweit nahezu gleichförmiges Einkaufserlebnis werden könnte. Deshalb rief der Stadtrat ein Programm zum Schutz von Traditionsgeschäften ins Leben.

Lokal bedeutsame Unternehmen, die mindestens 75 Jahre alt sind, sogenannte „establecimientos emblemáticos", können die Aufnahme in ein Verzeichnis und Fördermittel beantragen. Zum Beispiel Geld für Umbauten, für Werbung oder für die Umstellung von Plastik- auf Papiertüten.

Mehr als 90 Geschäfte haben sich beworben und dürfen sich nun eine Urkunde in den Laden hängen. Papiergeschäfte, Kurzwaren- und Eisenwarenhändler, Bäckereien, sogar ein Spezialist für Strumpfhosen. Auch Schirm- und Fächerspezialist „Paraguas" gehört dazu. Ähnliche Programme wurden in Barcelona und Sevilla entwickelt; auch Manacor versucht sich daran.

Wenige Schritte vom Schirmhändler entfernt befindet sich hinter der Jugendstilikone Can Forteza Rey in der Seitenstraße Carrer de la Corderia die „Mimbrería Vidal". Der Korbwarenhändler gehört ebenfalls zum Club der Oldies. 1925 eröffnet und seit 1955 in den Händen derselben Familie, hat er sich seit Jahrzehnten wenig verändert. Körbe hier, Körbe da. Sie stehen in hohen Regalen, hängen von der Decke und türmen sich um den Kunden herum. Man muss sich vorsichtig seinen Weg durch

Korbwaren seit Generationen: Tomás und José Vidal in ihrer Mimbrería

die Taschen, geflochtenen Truhen, Tabletts und Kästchen bahnen. Bloß nichts umwerfen! Strohhüte gibt es auch, perfekt für einen Tag am Strand.

Hinter dem Tresen stehen Tomas Vidal aus der gegenwärtigen Inhabergeneration und sein Vater José. Zwei freundliche, zurückhaltende Männer. Tomas und José sprechen Mallorquinisch und Spanisch. Deutsch eher nicht, Englisch auch nicht so gern. Mit Zeigen, Deuten und Lächeln hat sich noch jedes Geschäft abwickeln lassen.

Lange litt dieser Teil von Palmas Altstadt unter Kleinkriminalität und Prostitution. Die Häuser und Straßen waren wenig gepflegt. Die Stadtverwaltung hat Sozialwohnungen gebaut und Plätze neu angelegt, die das Viertel öffnen und beleben. Was einst grau und dunkel war, strahlt jetzt in hellen Sandfarben, mit viel Grün dazwischen und restaurierten Fassaden. Ein Beleg für die Aufwertung ist das halbe Dutzend Boutique-Hotels, die in die betagten Patrizierhäuser gezogen sind und jetzt mitten in der Stadt luxuriöse Gästezimmer und spektakuläre Dachterrassen anbieten.

Eines der ersten war das „Sant Francesc Hotel Singular", direkt an der Basilika gelegen, nach der es benannt ist. Das Haus aus dem 19. Jahrhundert mit zwei Innenhöfen gehörte einer Familie, die einst mit Plantagen zu Geld gekommen war. Die Preise der Stadthotels entsprechen in der Hochsaison allerdings nicht dem Ruf Mallorcas als günstiges Familienziel, sondern sind eher mit Hamburg oder München zu vergleichen.

Zur Liste der erhaltenswerten Geschäfte gehören auch Gastronomiebetriebe. Eine ganze Menge sogar. Die berühmte „Bar Bosch" am Born zum Beispiel. Oder in der verwinkelten Carrer de Can Sanç das mit 320 Jahren älteste Palmesaner Café, „Ca'n Joan de s'Aigo". Von „Ca'n Joan" gibt es in der Altstadt inzwischen drei Niederlassungen. Es verdankt seinen Ruhm, der es in fast jeden Reiseführer über Palma gebracht hat, seiner Trinkschokolade und den Ensaïmadas (s. Seite 40). Das Mandeleis ist auch zu empfehlen. Bereits im 19. Jahrhundert wurde es aus Schnee hergestellt, der vom Tramuntana-Gebirge hinab in die Stadt getragen wurde.

Gleichsam eine Doppelidentität wie Schneeweißchen und Rosenrot führt in der Carrer de Sant Nicolau das Geschäft „La Pajarita" von Javier Mulet Sans und seinem Bruder José Lorenzo. Als habe man sich nicht entscheiden können, ob man lieber Schleckermäuler oder Freunde des deftigen Genusses ansprechen wollte, setzt man eben auf beides, aber getrennt. Die „Charcutería" der Brüder bietet nur Herzhaftes und eine Tür weiter die „Bombonería" nur Süßes.

Begonnen hatten die Vorfahren 1872 als Händler von Kolonialwaren. Mittlerweile wird das Geschäft in fünfter Generation geführt. In Umkehrung langer Handelstraditionen kommt die wahre Exotik heute aus der Nähe und nicht mehr aus der Ferne. Lokales statt Importiertes. Bei den Preisen glaubt man jedoch immer noch, der Käse aus Menorca habe eine sehr lange Reise hinter sich. „La Pajarita" bietet das Beste von den Balearen und dem spanischen Festland. Wurst, Käse, Oliven, Weine. Einige Tropfen gibt es schon ab 6,50 Euro, andere kosten zwanzig, dreißig Euro. Dem Vernehmen nach sind die Flaschen mit den zweistelligen Preisen nur etwas für Touristen. Den sparsamen Mallorquinern ist der eigene Wein zu teuer! Auch die Königsfamilie kauft bei „La Pajarita" ein, weiß die „Mallorca Zeitung". Ob sie bei den Inselweinen zugreift?

Ein weiterer Liebling in bester Hauptstadtlage ist der „Forn Fondo" an der Union-Straße. Die Konditorei wird seit 1911 von der Familie Llull geführt. Auch hier gibt es die Ensaïmadas. Tritt man um die Hausecke in die Seitenstraße, kann man sogar sehen, wie sie in der Backstube zubereitet werden. Ein beliebter Snack des Hauses sind die Cocas, kleine rechteckige mallorquinische Pizzen, belegt mit Paprika, Tomaten, Zwiebeln, Olivenöl und Salz oder auch mit der Paprikawurst Sobrasada. Inzwischen gibt es die Cocas auch aus Vollkornmehl. Ein gutes Traditionsgeschäft beugt sich dem Zeitgeist. Aber in Maßen.

Berühmt für Trinkschokolade und Ensaïmadas: das Café „Ca'n Joan de s'Aigo"

Die meisten kleinen Läden auf Mallorca, und so auch in Palma, halten mittags Siesta. Man sollte deshalb vor 13.30 oder nach 16.30 Uhr bummeln gehen. Ein Großteil der Traditionsgeschäfte schließt zudem am Sonntag. Auch in dieser Hinsicht sind sie erfrischend altmodisch.

Süße Nonnen

Rebosteria heißt Konditorei auf Spanisch, und eine der ungewöhnlichsten Rebosterias von Palma gehört zum Kloster Santa Clara in der Altstadt. Für das köstliche Schmalzgebäck, Marzipan oder die Mandelplätzchen ist ein Ave Maria fällig.

In dem Kloster, das schon 1256 gegründet wurde, leben die Nonnen noch heute in Klausur. Man darf sie nicht sehen. In einem Raum an der Seite der Kirche erfolgt der Abverkauf der Süßwaren deshalb gesichtslos über eine Holzdrehtür, „Torno" genannt, in folgenden sechs Schritten:

1. Auf der Warenkarte aussuchen, was man will und sich den Preis merken
2. Klingeln. Warten. Gegebenenfalls noch mal klingeln. Dann hört man meist schon Schritte.
3. Eine Nonne sagt hinter der Drehtür: „Bon dia. Ave María Purísima." (Ave Maria Allerreinste)
4. Der Kunde antwortet: „Bon dia, sin pecado concebida" (ohne Sünde empfangen). Dann äußert er seinen Wunsch.
5. Die Drehtür dreht, der Kunde legt das Geld möglichst passend in das erscheinende offene Fach.
6. Die Drehtür dreht weiter. Man hört Rascheln. Das Fach erscheint erneut, darin das gewünschte Gebäck. Fertig.

Was passiert, wenn man nicht so sattelfest im Begrüßungsritual ist? Funktioniert wahrscheinlich auch!

Die Kirche des Konvents ist ebenfalls einen Blick wert. Von ihrer Kanzel predigte 1744 bereits der Inselheilige Juníper Serra.

Nicht nur für Touristen: Ensaïmadas

Mancher denkt, Ensaïmadas seien nur noch ein Touristen-Snack, der am Flughafen stapelweise verkauft wird. Das stimmt nicht. Nach wie vor gehört das Gebäck zum Ernährungsplan der Einheimischen. Die Bäckereien der Insel treten sogar zu Ensaïmada-Weltmeisterschaften an.

Die berühmten Schmalzschnecken sind nicht zu süß, nicht zu fettig, haben sowieso keinen besonderen Eigengeschmack und lassen sich jahreszeitlich variieren. Mit anderen Worten, sie sind der beste Inselimbiss für die Massen. Sie schmecken fast jedem. Seit mindestens zwei Jahrhunderten.

Dass es jüngst in Mode gekommen ist, Ensaïmadas in Restaurants auch als Eiscreme oder Mousse anzubieten, kann man als vorübergehende Verirrung werten. Genau dafür eignen sie sich wegen ihrer aromatischen Schlichtheit nicht. Ensaïmada-Eiscreme, wir haben es mehrfach versucht, schmeckt nach – nicht viel.

Namensgebend ist das verwendete Schweineschmalz, auf Mallorquinisch „Saïm". Als die Schnecken im 18. oder 19. Jahrhundert aufkamen, genau weiß man es nicht, galten sie noch als Speise der besseren Leute. Erzherzog Ludwig Salvator beschrieb sie in „Die Balearen in Wort und Bild" als typisches Gebäck, das von der Mittel- und Oberschicht zum Frühstück, zur Vesper oder als Nachtisch beim Mittagessen verzehrt wurde. Also rund um die Uhr.

Nur wenige Zutaten dürfen in eine echte Ensaïmada. Sie ist seit 2003 als „Indicació Geogràfica Protegid" geschützt. Mehl, Zucker, Wasser, Sauerteig, Eier gehören dazu und eben das Schlachtfett. Der Teig wird geknetet, ausgewalzt und zu einer Schnecke geformt – im Uhrzeigersinn – und muss zwölf Stunden fermentieren, bevor er in den Ofen kommt. Das macht die Herstellung aufwändig. Dazu noch der einst hochpreisige Zuckerstaub, und schon waren wir im Bereich der Backwaren für Besserverdiener.

Das Originalrezept sieht zwei Varianten vor: Die klassische „Ensaïmada de Mallorca" wie oben beschrieben aus sechs Zutaten. Als Abwandlung die „Ensaïmada de cabell d'àngel", gefüllt mit süßer Kürbismarmelade, genannt Engelshaar. Dazu trinken Traditionalisten eine Tasse heiße Schokolade.

Wir erahnen aus der Kombination Schmalzschnecke und heiße Schokolade: Die Ensaïmada ist das Feel-Good-Essen Mallorcas nach harten Arbeits- oder kalten Wintertagen.

Neben den beiden Klassikern gibt es Variationen, die keineswegs verpönt sind. Im Sommer kommt die Ensaïmada mit Aprikosen zum Zug. Der Winter bringt Ensaïmadas gefüllt mit Sahne, Schokolade oder Vanillecreme. Zu Karneval gibt es eine Sonderschnecke, belegt mit der Paprikawurst Sobrasada und Honig, als letztes Kaloriengewitter vor der Fastenzeit.

Für den Gastronomen Mauricio Ginard Vicens, der die „Gastroteca" im Mercat de l'Olivar in Palma führt und einer der besten Kenner der einheimischen Küche ist, passt die Ensaïmada vor allem zum Frühstück oder als Nachtisch am Sonntag beim Familienessen. Gute Ware erkennt man seiner Meinung nach an der perfekten Balance aus Schmalz und Sauerteig. Nicht zu fettig und nicht zu trocken sollte sie sein, der Boden leicht glänzend.

Ihr Können zeigen die Inselbäcker neuerdings auf Ensaïmada-„Weltmeisterschaften". Zuletzt gelangten sogar zwei Teilnehmer aus Menorca in die Endrunde, aber niemand vom spanischen Festland. Der Sieger kam dann tatsächlich von der Nachbarinsel, die „Pastisseria Can Pons". Zweiter und Dritter waren „Forn des Pla de na Tesa" aus der Nähe von Son Ferriol und „Forn de Ca'n Pau" aus Llucmajor.

Was war der Preis für den Gewinner? Eine Tonne Mehl. Mallorquiner denken praktisch.

Früher nur etwas für feine Leute

Lodernde Feuerzungen

. . . .

Ein Beweis, dass Mallorca vor den Zeiten als Global Player im Tourismus sogar schon Einflüsse aus dem fernen Zentralasien aufnahm, sind die inseltypischen „Zungenstoffe", mallorquinisch robes de llengües genannt.

Diese Stoffe mit verwischten zackigen Mustern, die an lodernde Flammen oder Feuerzungen erinnern, oder an einen unscharfen Fernsehempfang, sieht man fast überall auf der Insel. Als Kleid, Kissenbezug, Tischdecke, Wandbespannung, selbst als Hundebett. Sie entstammen der Tradition der Ikat-Stoffe, wie sie noch heute in Malaysia, Japan und den sagenumwobenen Orte der Seidenstraße getragen werden.

Wie aber kamen sie nach Mallorca?

Dafür kursieren zwei Erklärungen: Handelsreisende aus Asien, aus Kashgar oder Samarkand, hielten unterwegs auf Mallorca – und den Inselbewohnern gefielen die bunten Gewänder, die sie trugen. Andere Historiker sehen Weber vom Festland als Urheber, die während der Französischen Revolution Ende des 18. Jahrhunderts nach Mallorca flohen und die Stofftechnik, damals als Chiné bekannt, mitbrachten. Im Gegensatz zu Samarkand nutzten die balearischen Weber überwiegend Baumwolle mit Leinenbeimischungen und keine Seide.

Es gibt auf Mallorca immer noch Werkstätten, die die Zungenstoffe auf traditionelle Weise in Handarbeit herstellen. Dazu gehören Teixits Vicens in Pollença, die Geschwister Maribel und Guillermo Bujosa in Santa Maria del Camí und Teixits Riera in Lloseta. Man kann die Stoffe dort direkt bestellen und kaufen. Sie sind aber auch in Geschäften der Insel zu haben oder sogar im Ausland. Teixits Vicens beliefert zum Beispiel „Barney's" in New York, „Le Bon Marché" in Paris oder „Vinçon" in Barcelona.

Das Besondere an der aufwändigen Ikat-Technik ist, dass das Garn vorab per Hand eingefärbt wird, und zwar je nach dem gewünschten Muster mühsam in einzelnen Abschnitten. Ein Stück weiß, dann grün oder blau, dann wieder weiß. Erst danach werden die Fäden auf manchmal hundert Jahre alten Webstühlen gewoben. Das Voreinfärben führt zu den leichten Unregelmäßigkeiten, den verwischten Farbeffekten im fertigen Stoff. Echte Zungenstoffe erkennt man auch daran, dass die Muster auf Vorder- und Rückseite gleich sind.

Was macht die Stoffe so schön neben der erkennbaren Handarbeit? Auf Mallorca haben sich geometrische Formen und Farben durchgesetzt, die wunderbar zum rustikalen Charakter der Insel passen. Streifen, Zacken, Karos. Türkis und Dunkelblau wie das Meer, Gelb wie die Sonne, Rot wie die Erde. Die Hersteller variieren Stoffe und Farben zwar nach der Mode; aber das Grundprinzip bleibt seit Generationen gleich. Wie schon bei den Ikat aus Samarkand.

Wie ein unscharfer Fernsehempfang: „Zungenstoffe" aus Mallorca

Innere Werte

. . . .

Die Architektur der Insel aus den Zeiten vor dem Jugendstil ist auffallend schlicht. Das zeigt sich besonders in der labyrinthischen Altstadt Palmas. Hier reiht sich fast prunklos Fassade an Fassade. Stattdessen setzte man auf innere Werte.

So schön und harmonisch das Gesamtensemble wirkt, Palmas Altstadt ist nicht vergleichbar mit den prächtigen Straßenzügen von Bordeaux oder gar den exaltierten Palazzi Venedigs. Das Leben auf Mallorca war hart, man protzte nicht. Auch nicht die Reichen.

Stattdessen hoben sich die Hauptstädter den Glanz für die Innenhöfe auf. Diese Patios waren öffentliche Bereiche mit Zutritt für jedermann und konnten so als Visitenkarte der Familie genutzt werden. Dass hier auch Geschmacksfragen und nicht nur der Nutzwert zählten, zeigt der bunte Epochenmix, der in den Höfen überdauerte. An den Wänden hängen die Wappen der Familie, Eisenringe zum Anleinen der Pferde, in der Mitte steht ein Brunnen oder eine Zisterne. Daran schlossen sich Lagerräume an und eine prächtige Treppe.

Erst die Treppe führte ins Private, in die Familien-Etage im ersten Stock. Sie durfte man nur auf Einladung des Hausherrn oder der Hausherrin betreten.

Man kann das Prinzip noch gut studieren, rund sechzig jahrhundertealte Patios sind in Palma erhalten. Einst gab es wohl mehr als fünfhundert, viele stammten noch von den Mauren. Sie lagen hauptsächlich in der Oberstadt hinter der Kathedrale, einem der größten Altstadtkerne Europas.

Großartige Höfe sind darunter. Can Catlar del Llorer an der Carrer Can Savellà, in dessen Wohnhaus die britische Sängerin Annie Lennox mal ein Apartment hatte, wie ein Nachbar erzählt. In derselben Straße befindet sich das barocke Juwel Can Vivot mit einer imposanten „Kaisertreppe", die selbst für den Hochadel nicht zu schäbig gewesen wäre, und Loggia-Balkonen wie gemacht für Romeo und Julia. Sein heutiger Besitzer, der Graf von Zarvellà, öffnet den Stadtpalast einige Tage im Monat für kleine Besuchergruppen.

Can Juny ist zu nennen, ein Beispiel im gotischen Stil, ebenfalls an der Can Savellà gelegen. Hier war angeblich im 16. Jahrhundert tatsächlich ein Kaiser zu Gast, Karl V. von Spanien. Can Oleza in der Carrer d'En Morei zeigt sich im Renaissance-Stil. Can Oms in der Carrer de l'Almudaina und direkt nebenan Can Bordils gehören zu den ältesten und schönsten Herrenhäusern mit Höfen in Palma.

Teils sind die Patios geöffnet, teils kann man nur durch die Gittertüren hineinlugen, oder man muss sich für Führungen anmelden. Manchmal ergibt es sich auch, dass eine Tür verlockend offen steht, weil der Eigentümer gerade etwas holen gegangen ist. Und dann trifft man ihn bei seiner Rückkehr, und statt zu schimpfen, zeigt einem der stolze Mann, in diesem Fall ein amerikanischer Unternehmer, bereitwillig die gerade laufenden Renovierungsarbeiten im kürzlich gekauften Erdgeschoss.

Um eines muss man die Eigentümer dieser prächtigen Häuser nicht beneiden: die Umbau- und Unterhaltskosten sind wegen der Denkmalschutzvorgaben immens, die Genehmigungsverfahren für kleinste Modernisierungen zeitaufwändig. Kein Wunder, dass viele Häuser und Höfe in Palmas Altstadt heute Stiftungen und finanzstarken Unternehmen gehören, oder, zuletzt ein beliebtes Konzept, in ein luxuriöses Boutiquehotel umgewandelt werden. Außen immer noch schlicht, innen aber umso mehr oho!

Nach oben geht's zur Familie: Innenhof in Palma

Zahlen & Fakten

Ist Mallorca nun groß oder klein? Wie viele Strände und Flüsse gibt es? Kann es auch richtig kalt werden? Zahlen und Fakten zur vielseitigen Lieblingsinsel.

3.640 km²: Fläche Mallorcas (Saarland: 2.570 km²)

7: Rang Mallorcas unter den größten Inseln im Mittelmeer

40: Breitengrad von Palma, ungefähr auf der Höhe von New York

783 km: Küstenlinie Mallorcas

208: Zahl der Strände, davon 159 Sandstrände

11: Zahl der Berge über 1.000 Meter

1.436 m: Puig Major, der höchste Berg

Für Wanderer nicht erreichbar: Der Gipfel des Puig Major ist militärisches Sperrgebiet.

0: Zahl der Flüsse auf Mallorca (es gibt nur Sturzbäche, Torrents, die bei starkem Regen gefüllt sind)

300: Zahl der Sonnentage

44 Grad: die bisher höchste gemessen Temperatur auf der Insel (Muro)

- 5,7 Grad: die bisher niedrigste Temperatur in Palma

25 Grad: Wassertemperatur im Juli und August

948.000: Einwohner Mallorcas (2021)

419.000: Einwohner Palmas (2021)

181: Einwohner von Escorca (2021), kleinste Gemeinde der Insel

84,5 Jahre: Lebenserwartung auf Mallorca

82,6 Jahre: Lebenserwartung in Spanien

81,5 Jahre: Lebenserwartung in Deutschland

2h, 10 Min.: Flugzeit von Frankfurt nach Palma

21h, 36 Min.: Auto-Anreise von Frankfurt nach Palma
(mit Fähre Barcelona–Alcúdia)

7h, 51 Min.: Dauer einer Zugfahrt von Frankfurt nach Sylt

14 Mio.: Zahl der Touristen auf den Balearen (2019)

3,4 Mio.: Zahl deutscher Touristen (2019)

2,4 Mio.: Zahl britischer Touristen (2019)

Naturschönheit Mallorca: für deutsche Urlauber
das meistgenannte Reisemotiv

70 %: Anteil der deutschen Urlauber mit dem Reisemotiv
Natur und Landschaft

12 %: Anteil der deutschen Urlauber mit dem Reisemotiv
„Nachtleben/Ballermann/El Arenal"

1.789: Zahl der Hotels auf Mallorca

3.300: Zahl der Windmühlen auf Mallorca

Die Kathedrale am Meer

Palmas Wahrzeichen gilt als „Kathedrale des Lichts" dank ihrer großen Buntglasfenster. Die Helligkeit ist jedoch eine neue Errungenschaft. Über Jahrhunderte war das gotische Gotteshaus ziemlich finster.

Aber schauen wir zunächst von außen.

Was fällt auf, wenn man „La Seu", katalanisch für Bischofssitz, sieht? Die Lage am Meer. Das ist bei Kathedralen selten. Ihre Schauseite erstreckt sich über 110 Meter entlang der alten Stadtmauer über dem Parc de la Mar mit der großen Fontäne. So exponiert gelegen, scheint fast den ganzen Tag Sonne hinein. Das Kircheninnere wirkt im Vergleich zu anderen schummerigen Sakralbauten freundlich und hell.

Die gewaltigste von sieben Rosetten, hoch über der Apsis in die Ostwand gesetzt, ist mit rund 104 Quadratmetern größer als manche Stadtwohnung. Sie ist aber nicht die größte gotische Rosette der

Die „Schauseite" von Palmas Wahrzeichen La Seu

Welt, wie oft behauptet wird. Das Rosenfenster in der West-
fassade des Straßburger Münsters hat sogar eine Fläche von
145 Quadratmetern.

Je nach Stand der Sonne ergeben sich faszinierende Lichtspiele. Am 2. Februar und 11. November jeden Jahres projizieren
die Sonnenstrahlen ab acht Uhr morgens für kurze Zeit das Abbild des Ostfensters auf die gegenüberliegende Wand unterhalb
der Rosette der Hauptfassade. Zwei gewaltige Rosenfenster
scheinen übereinanderzuliegen.

Von der Kirchenkuratorin Catalina Mas erfährt man, dass die
Kathedrale bis Anfang letzten Jahrhunderts trotz der Lage an der
Bucht ein dunkler Riese war. Die meisten der 83 spitzen gotischen
Seitenfenster waren bis dahin zugemauert. Noch immer sind,
wenn man genau hinsieht, längst nicht alle Fenster geöffnet.

Das lag nicht nur daran, dass Geld für teures Glas fehlte. Wie
bei den meisten Kirchen war die Finanzierung der Bau-
pläne ein ständiges Problem. La Seu wurde seit der
Grundsteinlegung 1230, kurz nach der Eroberung der Insel durch die Christen,
stückweise bis zur heutigen Größe aus-
gebaut. Wann immer Geld, Zeit und
Handwerker zur Verfügung standen,
wurde weitergearbeitet.

Genauso problematisch war jedoch die Statik. Die hohen gotischen Fenster sitzen in tragenden Wänden. Sie zu öffnen erschien zu gefährlich. Die Kirche hätte einstürzen können.

Erst seit dem späten 19. Jahrhundert war man in der Lage, die Fensterbögen statisch zu verstärken. In mehreren Etappen konnten seitdem Steine gegen Glas ausgetauscht werden und Dunkelheit gegen Licht. Einen Beitrag leisteten auch die Umbauten des katalanischen Architekten Antoni Gaudí, der ab 1904 den Chorraum im Jugendstil umgestaltete.

Beeindruckender als die Helligkeit ist vielleicht etwas anderes. Der Architekt Joan Rubió i Bellver behauptet, dass die Kathedrale Mallorcas im Vergleich zu anderen Kirchen mit dem geringsten Materialeinsatz den größten nutzbaren Raum geschaffen habe. Eine besonders gelungene Form von Sparsamkeit auf einer Insel, die heute so wohlhabend wirkt, es aber lange nicht war?

Auch hier lohnt beim nächsten Besuch deshalb ein zweiter Blick. Man erkennt die Effizienz an den achteckigen, 21 Meter hohen Sandsteinsäulen des Kirchenschiffes. Sie sind sehr schmal und stehen auffallend weit auseinander. Kuratorin Catalina Mas berichtet, dass die ersten der sieben Säulen je Reihe so schmal waren, dass sie sich bogen. Sparsamkeit hin oder her, man errichtete die weiteren Säulen zwanzig Zentimeter dicker.

So wirkt heute das Innere geräumig und leicht. Das Gefühl der Weite und himmlischen Leichtigkeit wird durch das einfallende Licht noch verstärkt.

Nicht jeder, der die Kirche prägte, hatte daran seine helle Freude. Der Maler und Bildhauer Miquel Barceló, 1957 in Felanitx geboren, sorgte 2007 für neue Dämmerstimmung. Zum Glück gibt es zu jeder Bewegung eine Gegenbewegung! In der von ihm gestalteten Kapelle im rechten Seitenschiff verdunkelte er fünf Fenster, damit seine fantasievollen Keramiken an den Wänden nicht so stark durch die Lichtspiele der Sonne beeinflusst werden.

Imposanter Innenraum der Kathedrale mit Blick auf den Chorraum

Wo sind die Türme?

La Seu hat keine Türme? Das sieht von der Ferne so aus, stimmt aber nicht. Sie hat sogar fünf Türme, einer ist der Glockenturm mit einer Wuchtbrumme, die nur zu besonderen Anlässen geläutet wird – und manchmal bei heiligem Flugverkehr.

Wer gotische Bauten wie den Kölner Dom oder das Ulmer Münster mit der Kathedrale von Palma vergleicht, denkt sich: Da fehlt doch was! Sind die Türme nicht fertig geworden? Höher, gewaltiger, himmelsnäher waren schließlich die Bauprinzipien der Gotik.

In Spanien entwickelte sich jedoch ein gotischer Stil mit maurischen Traditionen, der Sakralbauten wie Festungen aussehen ließ, ohne hohe Türme wie im Norden Europas. La Seu ist ein gutes Beispiel. Die dreischiffige Basilika gibt sich mit ihrem massiven Korpus aus Pfeilern, Strebebögen und Zinnen uneinnehmbar wie eine Gottesburg.

Trotzdem gibt es Türme, wenn auch nicht besonders hohe. Links und rechts vom Hauptportal, wie man gut erkennt, wenn man von der Stadt auf die Kathedrale blickt; zwei kleinere an den Seiten der Westfront. Und es gibt den Glockenturm. Vom Meer aus ist er vom Kirchenschiff verdeckt. Die größte der neun Glocken, n'Eloi genannt, wurde im 16. Jahrhundert aus Bronze gegossen. Sie wiegt so viel wie drei Mittelklassewagen und wird immer noch per Hand geläutet, von mindestens fünf Männern. Nicht nur ihr dunkler Ton ist weit zu hören, auch die Vibrationen sind in der Kathedrale zu spüren. Deshalb wird n'Eloi nur selten zum Klingen gebracht. An Fronleichnam und bei Ernennung oder Tod von Papst und Bischof. Und neuerdings zum Stadtfest Sant Sebastià.

Eine Ausnahme gab es, als Papst Johannes Paul II im Oktober 1982 Spanien besuchte. Als sein Flugzeug über die Balearen flog, läutete das dicke Ding und alle Kirchenglocken der Stadt fielen ein. Der Papst wird es in 10.000 Metern Höhe nicht gehört haben.

Der Glockenturm liegt verborgen
hinter dem Kirchenschiff.

Und ewig blüht der Mandelbaum?

Für seine blühenden Mandelbäume ist Mallorca heute fast so berühmt wie Japan für seine Kirschblüte. Wer glaubt, dass sei schon immer so gewesen und wird auch so bleiben, irrt. Die Mandelbäume sind stark gefährdet. Schuld ist ein Bakterium aus Amerika.

Zwar brachten schon die Mauren Mandelbäume mit; doch massenhaft und typisch für Mallorca wurde ihr Anbau erst im späten 19. Jahrhundert. Es war eine Reaktion auf den Niedergang des Weins. Die Landwirte der Insel suchten nach einem Ersatz. Die Reblaus hatte auch auf Mallorca gewütet, wie zuvor in Frankreich. Zudem verfiel der Preis. Andere Länder produzierten günstiger. Das Geschäft mit den Reben wurde für Jahrzehnte unattraktiv.

Stattdessen verbreitete sich als neue Nutzpflanze die Mandel. Die Bauern waren natürlich in erster Linie an den Früchten interessiert, die ab September und bis in den November hinein geerntet werden. Auf der Insel wurde damit gekocht und gebacken; Mandelmilch, Nougat und Eiscreme wurden daraus hergestellt. Mandeln waren plötzlich allgegenwärtig.

Schon in den 1930er Jahren entdeckte man aber auch den Wert der zarten Blüte. Sie eignete sich hervorragend als Motiv für die Tourismuswerbung und sollte die frierenden Nordeuropäer in den mediterranen Garten Eden locken (der freilich menschengemacht war). In Italien mögen die Zitronen blühen, in Mallorca aber grüßt die weißrosafarbene Mandelblüte ab Januar noch viel schöner.

Bedrohtes Schauspiel: die Mandelblüte im Frühjahr

Zu finden ist sie in den Dörfern an den Rändern der Tramuntana und in der angrenzenden Zentralebene. Keine zwanzig Minuten mit dem Auto von Palma entfernt, kann man sich rund um Bunyola und Santa Maria del Camí im Frühjahr elysischem Blütentaumel hingeben. Aber auch zwischen Santanyí und Llucmajor, um Felantix und Calvià gibt es noch viele Plantagen.

Die Zukunft der Mandelbäume sieht allerdings alles andere als rosig aus. Zum einen macht seit Jahren die günstigere Konkurrenz aus Kalifornien, Chile und Australien den Bauern zu schaffen. Für ein Kilo Mandeln bekommen sie inzwischen nicht einmal fünf Euro. Das lohnt kaum noch die Mühe des Anbaus und der anstrengenden Ernte. Die Anbaufläche schrumpfte von einst über 50.000 auf 16.000 Hektar.

Und dann tauchte vor einigen Jahren noch ein fataler neuer Feind auf, das Bakterium Xylella fastidiosa, übertragen von Insekten. Es stammt vermutlich aus Amerika und befällt nicht nur Mandelbäume, sondern mehr als 600 Arten. In Italien hat es vor allem Olivenbäume geschwächt, auch Weinreben sind betroffen. Auf Mallorca kommen die teils über 100 Jahre alten Mandelbäume am schlechtesten mit ihm zurecht. Ein wirksames Gegenmittel gibt es nicht. Man wird mit dem Bakterium leben müssen. Sind die Bäume zu stark befallen, verdorren sie, tragen immer weniger Früchte und müssen schließlich gefällt werden.

Als das Bakterium 2016 entdeckt wurde, befürchtete man das Schlimmste, den baldigen Exitus der Mandel. Soweit ist es zum Glück bisher nicht gekommen. Die Landwirte haben reagiert, in dem sie ihren Plantagenbestand gegen jüngere und widerstandsfähigere Bäume austauschten. Und sie begannen mit regelmäßiger Bewässerung, um kranke Bäume aufzupäppeln und vor dem Austrocknen zu bewahren.

Jedoch ist Bewässerung genau das, was man eigentlich nicht wollte. Gesunde Mandelbäume kommen normalerweise mit sehr wenig Wasser aus, ein Trockenanbau ohne künstliche Wasserzufuhr war möglich. Ideal für das heiße Klima – und erschwinglich. Erst verfällt der Preis, dann wird auch noch der Anbau durch

Bewässerung teurer, eine verhängnisvolle Kombination. Die Geschichte mit dem Abstieg des Weins aus dem 19. Jahrhundert drohte sich zu wiederholen.

Für den Augenblick scheint ein Gleichgewicht erreicht und die Mandelblüte auf Mallorca trotz der Plage eine Zukunft zu haben, wenn auch auf einer viel geringeren Zahl an Bäumen als noch vor wenigen Jahren und nur noch auf jüngeren Bäumen.

Stets erschien der Blütenteppich in den frühen Wochen des Jahres ein wenig unwirklich und wie nur geliehen. Den Liebhabern des rosafarbenen Spektakels kann man nur raten, es zu genießen, so lange es noch geht. Dieser Gedanke der Vergänglichkeit ist genau das, was den naturverbundenen Japaner an der zarten Kirschblüte so gefällt.

Aus mühevoller Herstellung: Mandeln auf dem Markt in Sineu

Die sechs Gesichter Mallorcas

Küste, Gebirge und Ebene. Mehr als drei Landschaften hat Mallorca nicht zu bieten? Irrtum. Schon die Mauren erkannten sechs Comarques, wie die Zonen genannt werden. Sie haben ihr eigenes Gesicht.

1. Llevant, der Osten

Hügel, kleinere Berge und Naturparks prägen diese Zone zwischen der Möbelstadt Manacor und der Burg von Capdepera. Und natürlich die bekannten Ferienorte an der Küste: Cala Ratjada, Canyamel, Cala Millor, Porto Cristo. Nicht zu vergessen das zauberhafte Städtchen Artà.

2. Migjorn, der Süden

Er reicht von S'Arenal bis nach Felanitx und Llucmajor. Weitgehend flach. Die einzige nennenswerte Erhebung ist 509 Meter hoch, der Puig de Sant Salvador. Aber einen Trumpf gibt es: Es Trenc, der Strand, an dem Mallorca karibisch wird.

3. Es Pla, die Mitte

Die Zentralebene im Schutz der Tramuntana. Fruchtbare Böden, Weinbaugebiet, viele kleine Dörfer mit der ehemaligen Residenzstadt Sineu als Zentrum. Als Bonus die weiten Strände im Norden rund um Can Picafort.

4. Raiguer, der Streifen

Er zieht sich von Palma über die Lederstadt Inca bis hoch nach Alcúdia. Bekannt für den Wein aus Binissalem und unter Shopping-Freunden für das Mallorca Fashion Outlet bei Marratxí. Auch ein gutes Ziel im Februar für Mandelblüten-Touristen.

5. Serra de Tramuntana, das Dach Mallorcas

Elf Gipfel über 1.000 Meter, wunderschöne Täler und Buchten. Die landschaftlich faszinierendste Region der Insel, vom Nobelhafen Port d'Andratx im Süden bis zum famosen Cap Formentor im Nordwesten. Und mittendrin der „Mallorca-Express", die alte Bahn ins Orangental von Sóller.

6. Palma, die Hauptstadt

Metropolen-Gefühle wie in Nizza oder Mailand, ein urbanes Zentrum mit dem drittgrößten Flughafen Spaniens und einem wichtigen Hafen. Wie weit sich Palma von der Bucht bis ins Inselinnere erstreckt, erkennt man gut, wenn man auf der Ma-15 fährt und hinter Son Gual auf das Häusermeer in der Ebene blickt.

Die Sache mit den Blumentöpfen

Welches sind die schönsten Dörfer Mallorcas? Wo sollte man hinfahren, wenn man genug Zeit am Strand verbracht hat und etwas anderes sehen will als Sand und Sonnenschirme? Und was hat dörfliche Schönheit mit Blumentöpfen zu tun?

Es gibt eine Liste, auf der sind die offiziell schönsten Dörfer Spaniens verzeichnet. Sie reicht von Galizien hoch oben im Nordwesten bis zu den Kanaren vor Afrikas Küste. Aus Mallorca haben es Fornalutx, Pollença und Alcúdia in die Ehrenliga geschafft.

Die Auszeichnung verleiht ein Gremium mit Sitz bei Barcelona seit 2011. Die Idee kam aus Frankreich, wo es einen ähnlichen Wettbewerb gibt. Die Plätze sind begehrt, weil sie Aufmerksamkeit versprechen. Medien berichten, Reiseführer nehmen die Orte in ihre Seiten auf, man kann sich eine Plakette an die Rathauswand schrauben. Aufmerksamkeit verspricht wiederum Besucher. Das freut die Gastronomen und Ladenbesitzer. Die Immobilienpreise steigen vermutlich auch. Wer will nicht in einem der schönsten Orte des Landes wohnen?

Dass solcherlei Marketing im Fall der seit Jahrzehnten etablierten Ferienorte Pollença und Alcúdia nicht unbedingt notwendig war, ist klar. Der 680-Einwohner-Weiler Fornalutx hingegen, oder viele andere, bislang unbeachtete Lokalitäten der Liste, können eine Steigerung des Fremdenverkehrs gebrauchen, sonst würden sie sich nicht den Mühen der aufwändigen Bewerbung unterziehen.

Fornalutx erfüllt die Kriterien des mehrseitigen Anforderungskatalogs mit höchster Perfektion: Eine übersichtliche Einwohnerzahl, unter 15.000 ist die Vorgabe; ein einheitliches, gut erhaltenes Erscheinungsbild ohne störende Reklameschilder; autofreie Zonen, Parkplätze, Orte, an denen das Dorf feiern und Veranstaltungen stattfinden lassen kann. Generell suchen die Preisrichter nichts weniger als eine spitzenmäßig gepflegte Siedlung mit Charme, Charakter und Lebendigkeit.

Die Steinhäuser im Bergdorf Fornalutx ...

Es gibt ein weiteres Erkennungsmerkmal, das so gar nicht auf der Wunschliste steht, aber auf Mallorca zum Emblem einer zeitgemäßen Prachtsiedlung geworden zu sein scheint: Blumentöpfe.

Es ist unklar, wer damit begonnen hat und wieso sie dermaßen zu Charme und Anmut beitragen sollen. Doch die Gassen von Fornalutx sind wie ein schwedisches Bullerbü durchzogen mit Blumentöpfen. Vor den Haustüren, an den Hauswänden, auf Treppenstufen, in Ecken und auf Plätzen. Wer gießt die alle in der heißen Inselsommern? Früher waren Mallorcas Dörfer eher für ihre leergefegten Straßen und verschlossenen Fensterläden bekannt.

In Pollença verhält es sich ähnlich, auch in Alcúdia scheint das Verhältnis Blumentopf pro Einwohner zugenommen zu haben. Man entdeckt weitere Orte, die ihre Sträßlein zustellen. Das hübsche Petra zum Beispiel oder das ebenfalls einen Ausflug lohnende Bergdorf Galilea, das wunderbare Deià sowieso. Wollen sie dem allgemeinen Dekorationstrend nicht hinterherhinken, und planen auch sie eine Kandidatur als Beauty Queen? Nur jedes fünfte Dorf bewirbt sich erfolgreich.

Was auch auffällt: Alle drei Perlen Mallorcas liegen im bergigen Nordwesten. Neben Blumentöpfen scheinen Gipfel vor der Haustür einen guten Eindruck auf die Jury zu machen. Das wirkt in der regionalen Verteilung einseitig, ist aber für Besucher praktisch. Man kann die Dörfer auf einem Schlag besichtigen. Noch ein Bonus: Das Trio verbindet die Ma-10, eine der spektakulärsten Straßen der Insel.

... mit vielen Blumentöpfen in den alten Cassen

Nur mit der Ruhe

Es gibt noch einen weiteren Ort auf Mallorca, der jegliche Anreise lohnt. Er liegt ebenfalls in der Serra de Tramuntana, auf 525 Metern Höhe, nur eine kurze Fahrt abseits der Haarnadelpiste Ma-10. Es ist das Marienheiligtum Lluc, oft auch „Kloster Lluc" genannt, obwohl hier keine Mönche in Lebensgemeinschaft wohnen.

Gegründet wurde das Santuari de Santa Maria de Lluc, so der offizielle Name, kurz nach der Eroberung der Insel durch König Jaume I. Der Talkessel war wohl schon in vorchristlicher Zeit ein spiritueller Platz mit Grabhöhlen. Der Legende nach fand 1230 ein Hirtenjunge namens Lluc an einem Bach hinter der heutigen Kirche eine schwarze Madonnenfigur, von den Einheimischen sa Morenita genannt, die Dunkelhäutige.

Zunächst wurde als Aufbewahrungsort nur eine Kapelle errichtet. Als die Zahl der Pilger wuchs, baute man im 17. Jahrhundert die barocke Basilika und weitere Gebäude. Heute empfängt der Wallfahrtsort fast eine Million Besucher pro Jahr. Busladungen an Tagesgästen werden herangekarrt. Die Anlage ist entsprechend groß. Parkplätze, ein Café, eine Bäckerei, ein Botanischer Garten, ein Museum, sogar ein kleiner Campingplatz in der Nachbarschaft kamen dazu.

Man kann in der Anlage auch ohne spirituelle Absichten übernachten und sie als Etappenstation auf Wanderungen durch die Berge nutzen. Die „Hostatgeria" ist über die Website von Lluc oder Hotelportale im Internet buchbar. Es gibt sogar einen Pool am Heiligtum, mit Sonnenliegen. Wir sind schließlich immer noch auf Mallorca! Besonders günstig sind die einfach ausgestatteten Zimmer allerdings nicht.

Nanu, was erklingt da für Musik? Es singt der Knabenchor els Blauets. Der Name entstand durch die blauen Soutanen der Jungen. Gründungsdatum 1531, und noch immer im Dienst! Die Blauen

Einer der heiligsten Orte Mallorcas: Lluc

sind sicherlich der älteste Chor der Balearen. Der älteste Knabenchor der Welt, wie manchmal behauptet wird, sind sie aber nicht. Die Regensburger Domspatzen singen beispielsweise schon seit 975. Und auch Mädchen gehören inzwischen zum vierzigköpfigen Ensemble. Als Internats- oder Tagesschüler gehen die Kinder im Sanktuarium auch zur Schule.

Drei der elf Tausender der Insel bewachen Lluc. Der Puig de Massanella, 1.364 Meter hoch, der Puig Tomír, 1.103 Meter, und der Puig Roig, 1.003 Meter. Die Stille der Berge, früh morgens und abends, die Regenwolken, die oft die kargen Gipfel umwehen, das frische Grün der Gärten, das Plätschern der Brunnen, die Statuen der Priester und Heiligen: Die Atmosphäre von Lluc ist etwas Besonderes. Trotz der Besucherströme ist der Kontrast groß zum 55 Kilometer entfernten Ballermann. Mahnend tickt in Lluc eine Uhr hoch über dem Portal im Innenhof: Bedenket das Ende!

Nach Lluc sollte man am besten im Winter kommen. Wenn Schnee in den Bergen liegt und die Touristenbusse des Sommers Winterschlaf halten, ist es am schönsten.

Gute Aussichten

Verschaffen wir uns den Überblick. Hier zehn Orte, an denen das ausgezeichnet gelingt. Aufgeführt im Uhrzeigersinn, beginnend im Norden der Insel.

1. Kalvarienberg Pollença: Über 365 Stufen musst du gehen, dann stehst du schnaufend auf dem Stadtberg der alten Römersiedlung. An der barocken Kapelle zweigt rechts ein Weg zu einem „Mirador" ab. Als Belohnung für den Aufstieg ein Blick bis zur Bucht und den Hafen.

2. Artà: Wieder Treppen. Diesmal führen sie hinauf zur Pfarrkirche und dem Santuari de Sant Salvador (man kann auch fahren). Die zinnenbewehrte Mauer ist begehbar, man schaut auf Felder und Wiesen und natürlich das hübsche Artà selbst, die Perle des Ostens.

3. Wehrturm Punta d'en Amer: Der steinerne Klotz im Naturschutzgebiet bei Cala Millor stammt aus dem späten 17. Jahrhundert und ist nicht sehr hoch; aber von oben hat man einen hervorragenden Blick über Dünen, Buschland, die Bettenburgen von Cala Millor und, entgegengesetzte Richtung, Sa Coma. Manchmal kann man sogar die Nachbarinsel Menorca sehen. Am Fuß des Turms lockt ein beliebtes Ausflugslokal, von deutschen Stammgästen „Rotweinalm" genannt.

4. Puig de Sant Salvador: 509 Meter hoch, bei Felanitx. Großartige Fernsicht, da die einzige Erhebung weit und breit. Auf dem Berg befindet sich ein weiteres Santuari de Sant Salvador und die Christus-König-Statue.

5. Puig de Randa: Von Mallorcas Tafelberg bei Algaida sieht man auf die Tramuntana mit Flugzeugen im Landeanflug auf Palma, Es Trenc und die Insel Cabrera. Oben auf 542 Metern Höhe wartet ein Kloster mit Café und gutem Restaurant. Randa ist nach Lluc der heiligste Ort der Insel. Die vielen Antennen und die Radarkugel muss man sich wegdenken.

6. Bellver: Palmas runde Burg bietet gute Perspektiven auf Stadt und Hafen. Vor allem abends schön, wenn sich der Himmel verfärbt und das Häusermeer in Pastelltöne getaucht ist, mit der unerschütterlichen Kathedrale als optischen Fixpunkt.

7. Son Marroig: Erzherzog Ludwig Salvator lässt grüßen! Darauf muss man erst mal kommen, auf Mallorca ein griechisches Tempelchen zu errichten. Aber genau das tat der Adelige auf seinem Landgut zwischen Valldemossa und Deià. Er traf offenbar einen Nerv, denn bis heute ist der weiße Rundbau über dem Meer eines der meist abgebildeten Motive.

8. Friedhof in Deià: Die Toten haben den besten Blick Auf das schöne Künstlerdorf selbst, die im Frühjahr mit Mandelblüten verzierten Terrassen, die Berge.

9. Es Colomer: Einer der spektakulärsten Aussichtspunkte, auf dem Weg zum Cap Formentor. Man schaut tief hinab aufs tosende Meer. Meist gut besucht und ein beliebter Selfie-Spot.

10. Cap Formentor: Die Liste wäre unvollständig ohne das Kap im äußersten Nordwesten. Lohnt sich der Weg? Für den Blick vom Leuchtturm gar nicht unbedingt, der ist unterwegs auf den Serpentinen noch schöner. Für die Stimmung aber schon.

Aussichtspunkt Es Colomer

Von wegen Hegemonie

Mallorca wurde einst von einem spaßigen CSU-Abgeordneten als 17. Bundesland ins Spiel gebracht. Manchmal heißt es sogar, Mallorca sei das bessere Deutschland. Doch ist Mallorca deshalb schon fast eine „deutsche" Insel?

Hockt in jeder dritten Wohnung und in jedem vierten Haus ein Düsseldorfer oder Hamburger und kauft beim deutschen Bäcker deutsche Brötchen, trinkt abends in einer von Deutschen geführten Kneipe ein niederrheinisches Bier, und ruft am nächsten Tag den deutschen Elektriker an, weil die spanische Sicherung dauernd rausfliegt?

Ist die Sprache Goethes und Schillers zwischen Tramuntana und Cala Ratjada längst so verbreitet wie Spanisch und Mallorquinisch, und die unergründlichen Einheimischen sind nur noch Dekoration?

Mancherorts mag das fast so sein. Man könnte den „Hamburger Hügel" um Santanyí im Südosten nennen, oder das „Düsseldorfer Loch" im Südwesten, vulgo Port d'Andratx. Und natürlich auch den „Ballermann" und die „Schinkenstraße" oder die „Bar Rafael" in Cala Millor, die für heimwehgeplagte Residenten im Mai Spargel und im Winter Gänsebraten auftischt. An diesen Orten gilt Deutsch als Verkehrssprache und ein österreichischer Akzent schon als linguistische Exotik.

Doch natürlich prägen immer noch mallorquinische Gepflogenheiten das Leben. Im Winter sowieso, im Sommer aber auch, selbst zur Hochsaison. Zur Beruhigung für Inselfremde sei gesagt: Mallorca kommt einem immer noch mallorquinisch vor.

Mit den Deutschen auf Mallorca ist es wie mit dem Regen. Mal kommt zu viel Wasser den Himmel herunter, mal zu wenig. Mal wirkt die Präsenz der Deutschen zu stark, wie zuletzt, als die Mallorquiner nicht zu Unrecht klagten, dass immer mehr Immobilien in die Hand wohlhabender Ausländer wechseln, darunter viele Deutsche. Den Einheimischen selbst bleibe nun kaum noch bezahlbarer Wohnraum. Mal sind es zu wenig Deutsche, weil sie aus Sorge wegen Corona den Urlaub in Cala Millor stornieren. „SOS Turismo" plakatierten da die alarmierten Hoteliers an ihre Fassaden.

Es gibt tatsächlich die deutschen Elektriker, die deutschen Friseure, die deutschen Bäcker. Dazu viele deutsche Supermärkte und Drogerieläden. Mallorca ist fest in der Hand von Lidl, Aldi, Müller und neuerdings auch Rossmann. Das hinterlässt den Eindruck, man sei fast in einem 17. Bundesland. Doch auch spanische Supermärkte sind weiterhin vertreten, und französische Ketten. Und in anderen Teilen Spaniens gibt es deutsche Supermärkte ebenfalls.

Meist hilft zur Klärung ein Blick auf die Zahlen. Das spanische Instituto Nacional de Estadística offenbart Erstaunliches: Die Deutschen stellen nicht die Mehrheit der Ausländer. Auf den Balearen rangieren sie erst auf Platz drei nach Marokkanern und Italienern. Warum so viele Italiener, deren Land an Stränden keinen Mangel hat? Das liegt daran, dass viele Lateinamerikaner, die einwandern, italienische Vorfahren haben und auch die italienische EU-Staatsbürgerschaft besitzen.

Die Zahl der gemeldeten Deutschen hat in den letzten Jahren sogar abgenommen. Beim letzten Blick auf die Statistik drohten die Briten die Deutschen zu überholen! 2012 waren noch fast 37.000 Deutsche auf den Balearen gemeldet,

inzwischen sind es nur noch rund 18.000. So viele können auch die Briten aufbieten.

Unwahrscheinlich, dass seitdem jeder zweite deutsche Resident der Insel den Rücken gekehrt hat. Der größte Rutsch geschah auf einen Schlag von 2012 auf 2013. Kurz vorher hatte Spanien die Steuerregeln verschärft. Das fanden offenbar viele übergriffig und meldeten sich ab.

Soweit die offiziellen Angaben. Aber auch die tatsächliche Zahl der auf Mallorca lebenden Deutschen, gemeldet oder nicht, wird niedriger geschätzt als viele erwarten. Der deutsche Konsul in Palma spricht von rund 50.000 Landsleuten, da habe sich seit vielen Jahren nichts geändert.

Der Geschäftsführer des deutschsprachigen Inselradios, Daniel Vulić, der seine Hörerschaft kennen muss, kalkuliert zwar etwas höher als der Konsul, bleibt aber ebenfalls fünfstellig. Er geht von rund 80.000 deutschsprachigen Bewohnern aus, davon rund 64.000 aus Deutschland, der Rest aus der Schweiz und Österreich.

Beide Schätzungen – 50.000 und 64.000 – würden nicht einmal die Münchner Allianz Arena füllen, sie hat Platz für 75.000 Gäste. Für ein Bundesland reicht das sicher nicht; kaum für ein halbes. Um die Verhältnisse zu klären: Insgesamt wohnen auf Mallorca rund 948.000 Menschen.

Die größten Gruppen sind genannt: Marokkaner, Italiener (mit Unterstützung aus Lateinamerika), Deutsche und Briten. Dann Skandinavier, Schweizer, Franzosen. Seit einigen Jahren taucht noch eine weitere Nationalität in der Statistik auf: Chinesen. Knapp 6.000 Residenten kommen bereits aus dem Reich der Mitte. Das sind so viele wie Franzosen. Die Insel wird vielleicht nicht deutscher; internationaler wird sie schon.

Sogar einer der bekanntesten Chinesen, Jack Ma, scheint Mallorca in sein Herz zu schließen. Mit seiner 88 Meter langen und 200 Millionen Euro teuren Superyacht „Zen" wurde der Alibaba-Gründer schon mehrfach in der Bucht vor Palma gesehen. Dass sich der Milliardär in Spanien bald als steuerpflichtiger Resident anmeldet, ist nicht zu erwarten.

Wo die Briten hinfahren

Der Badeort Magaluf, südwestlich von Palma in der Gemeinde Calvià, ist der wohl bekannteste britische „Hot Spot" auf Mallorca. Die Punta Ballena gilt als englische Kopie des Ballermanns mit hoher Kneipendichte, betrunkenen Touristen und von Hotelbalkonen fallenden Jugendlichen.

Man glaubt es kaum in Anbetracht von Magaluf oder auch Palmanova: Tatsächlich begann der britische Fremdenverkehr auf Mallorca als vornehmes Unterfangen und auch viel früher als der deutsche. Bereits Anfang des 20. Jahrhunderts zog die Insel die gehobene britische Mittelschicht an, die sich Auslandsreisen leisten konnte. Sie urlaubte im milden Süden und im Nordwesten in der Nähe der Berge. Krimi-Queen Agatha Christie kam nach Pollença, der Dichter Robert Graves lud seine illustren Freunde nach Deià ein, Peter Ustinov wurde zum Stammgast im Hotel Formentor.

Albions Liebe zu Mallorcas Bergen ist geblieben. Meer und Strand haben die Briten schließlich auch daheim, wenn auch mit weniger Sonnenschein. Noch heute hört man deshalb in Pollença, Alcúdia oder den Bergdörfern viel Englisch. Schaut man auf die Zahl der Residenten, haben die Briten an diesen Orten diese Nase vorn. In Pollença ließen sich 897 Briten nieder, aber nur 242 Deutsche. Im kleinen Deià 67 Briten gegenüber 23 Deutschen.

Umgekehrt ist es an den deutschen Lieblingsorten. In Andratx sind 679 Deutsche gemeldet, aber nur 411 Briten, in Santanyí leben 758 Deutsche und nur 217 Briten.

Noch ein Unterschied: Viele Briten bleiben am liebsten an einem Ort und unter sich, fahren höchstens zum Einkaufen nach Palma. Deutsche hingegen sind mobil. Sie unternehmen Ausflüge mit dem Mietwagen, klettern in die Berge, fahren mit dem Rad.

Trifft man auf einen Briten, sind andere Briten oft nicht fern. Deutsche hingegen – sie sind einfach überall auf Mallorca.

Wir sprechen kein Deutsch

Deutsch ist auf Mallorca verlässlich verbreitet? Das ist leider ein Irrtum. Allerdings bemühen sich viele Angestellte in Hotels, Restaurants und Läden darum, diesen Eindruck durch geschickte Sprachsimulation aufrecht zu erhalten.

Wenn es einem Dienstleistungssektor gelungen ist, aus wenig viel zu machen, dann sind es die tapferen Mitarbeiterinnen und Mitarbeiter in Spaniens Hotels und Restaurants. Beim Frühstück oder Abendessen glaubt man, die freundliche Kellnerin und der charmante Ober beherrschten Deutsch nahezu fließend, lasen schon als Kinder Grimms Märchen im Original und schauen abends zum Sprachenstudium im Satellitenfernsehen „Gute Zeiten, Schlechte Zeiten".

Tatsächlich beschränkt sich ihr Wortschatz jedoch oft auf den berufsnotwendigen Grundwortschatz: „Kaffee oder Tee?" „Weißwein oder Rotwein?" „Sind Sie fertig?" „Schönes Wetter heute." Machen Sie die Probe aufs Exempel und verwickeln Sie José Carlos und Paloma in ein Gespräch. Schnell sind die Grenzen der Konversationsfähigkeit erreicht. Ausnahmen bestätigen die Regel.

Das soll kein Vorwurf sein. Im Gegenteil. Es ist den guten Seelen in den Hotels der Insel hoch anzurechnen, dass sie den Gästen in deren Heimatsprache begegnen wollen. Und sei es nur mit zwanzig oder dreißig Vokabeln. Englisch, Französisch oder sogar Russisch spricht die eine oder andere Servicekraft ja oft auch in Grundzügen.

Ein mallorquinischer Kellner berichtete, nicht das Sprechen sei das Problem, sondern die Antworten. Deutsch ist bekanntlich nicht gleich Deutsch, wenn man an die Vielfalt von Dialekten und Mundarten denkt, von Schweizer oder österreichischen Einfärbungen ganz zu schweigen. Da helfe ihm dann oft nur die Intuition, was der freundliche Herr aus Stuttgart genau erwidert habe auf die Frage „Weißwein oder Rotwein" und kleine Tricks wie das Zeigen auf die Weinkarte: „Diesen hier, ja?"

Wo kann man Deutschkenntnisse mit hoher Sicherheit erwarten? In den meisten Hotels, sofern es sich nicht um eine entlegene Herberge in einem Bergdorf handelt; in den meisten Restaurants und Kneipen der von Deutschen frequentierten Ferienorte und oft auch in deren Geschäften.

Schon in Manacor, nicht ganz oben auf der Liste ausländischer Besucher, kann es aber eng werden. In Orten wie Algaida oder Montuïri kommt man mit Deutsch meist auch nicht weit. In solchen Momenten wird man gewahr, dass Mallorca nicht in Gänze ein Ferienclub ist; hier leben und arbeiten zum Glück auch Menschen, die nichts mit Tourismus zu tun haben.

Englisch hilft ersatzweise, das wird immerhin als erste Fremdsprache in den Schulen unterrichtet, während Deutsch nur Wahlfach ist. Aber auch darauf sollte man sich nicht so verlassen wie in Stockholm oder Amsterdam. Als Besucher ist man vielleicht überrascht, dass selbst in der Metropole Palma in einem beliebten Laden für Korbwaren, nur eine Seitenstraße von der Touristenmeile Sindicat entfernt, beide Inhaber weder Englisch noch Deutsch sprechen. Und auch nicht sprechen wollen. Es ist ihr gutes Recht.

Lernen Sie also Spanisch! Kommen Sie öfter nach Mallorca, dann machen Sie es der Kellnerin nach und eignen sich einen Grundwortschatz an. So

Sprachenvielfalt: Schild
vor einem Restaurant

werden Sie unabhängig von der Übersetzungs-App auf dem Handy und die Gastgeber freuen sich. (Nicht frustriert sein, falls manche Kellnerin trotzdem auf Deutsch oder Englisch antwortet. Sie tut das aus Gewohnheit, nicht aus Geringschätzung.)

Lernen Sie Spanisch! raten gerade auch die deutschsprachigen Medien der Insel wie „Mallorca Magazin" oder Inselradio, deren Existenz zum Eindruck beitragen, man könne sich auf den Balearen in einer umfassenden deutschen Blase bewegen. Der Golflehrer spreche schließlich auch fließend Deutsch.

Doch werden Sie mal krank und müssen in ein Krankenhaus. Oder versuchen Sie, als frisch gebackener Besitzer einer Ferienwohnung einen Behördengang zu erledigen und das Schreiben Ihres Stromanbieters zu verstehen. Oder, noch banaler, suchen Sie im Kaufhaus El Corte Inglés nach einem Ladekabel. Habla español – sprechen Sie Spanisch? fragt dann etwas peinlich berührt die Verkäuferin. Wenigstens ein bisschen, un poquito? Das würde das Leben für beide Seiten leichter machen.

Kleine Gesten zählen. Ihren Leitartikel bietet die „Mallorca Zeitung" auch auf Spanisch an. Das hat Chefredakteur Ciro Krauthausen kurz nach seinem Amtsantritt 2007 eingeführt. Eine Verbeugung gegenüber den Einheimischen. Einige deutsche Leserinnen und Leser überprüfen damit aber auch ihre eigenen Spanischkenntnisse, weiß Krauthausen aus Zuschriften. Eine der beliebtesten Seiten der Zeitung ist das deutsch-spanische Vokabelfeld von Tom Gebhardt. So kann man die nötigsten Wörter für die Corona-Impfung lernen oder rund ums Osterfest. „Spanisch ist der Schlüssel zu den Schätzen der Insel", bestätigt der Geschäftsführer des Inselradios, Daniel Vulić.

Warum überhaupt Spanisch lernen und nicht gleich Katalanisch beziehungsweise Mallorquinisch, die zweite Amtssprache der Insel? Krauthausens Erfahrung ist, dass Deutsche leichter Zugang zu Spanisch finden. Der Nutzen ist auch größer. Man kann es auf dem Festland und in Lateinamerika verwenden. Schließlich: Man kommt mit Spanisch, oder wie es offiziell heißt mit dem Kastilischen, wirklich überall zurecht. Nach Artikel 3 Absatz 1 der

Spanischen Verfassung haben alle Spanier die Pflicht, das Kastilische zu kennen – und das Recht es zu benutzen. Das gilt auch auf Mallorca.

Manchmal treibt der innerspanische Sprachenstreit allerdings auch verrückte Blüten. Mitten in Palma kann es passieren, dass an der Haltestelle des Flughafenbusses der Hinweis auf deren Verlegung nur auf Mallorquinisch angeschlagen ist, nicht auch auf Spanisch oder Englisch. Gleiches gilt für viele Beschilderungen. Bei aller Liebe zur einheimischen Zunge und dem Bedürfnis, Mallorquinisch am Leben zu erhalten, etwas mehr Internationalität wäre zumindest in den Touristengebieten hilfreich. Der Absender will den Gästen ja etwas Wichtiges mitteilen.

In Manacor gibt es das wunderbare Kulturinstitut Antoni Maria Alcover. Alcover war ein Priester und Sprachforscher, der unter anderem balearische Märchen sammelte und für die Nachwelt erhielt. Die Texttafeln der Ausstellung sind ausschließlich auf Mallorquinisch verfasst. Vom Ansatz her verständlich. Doch welche verpasste Chance, Alcovers Schaffen auch interessierten Ausländern oder lediglich Kastilisch sprechenden Inländern näher zu bringen!

Wir schlachten auf Deutsch: Schild bei Capdepera

Die zweite Amtssprache

Zwischen Palma und Cala Ratjada kommt man weit mit Spanisch. Aber der wahre Inselkenner interessiert sich vielleicht auch für Mallorquinisch, das zweite offizielle Idiom.

Mallorquinisch oder mallorquí ist eine regionale Variante des Katalanischen, das zum Beispiel in und um Barcelona gesprochen wird. Katalanisch ist eine eigenständige Sprache und kein Dialekt. Es gehört mit Italienisch, Portugiesisch oder Spanisch zur romanischen Sprachfamilie und sollte nicht als rare Blüte unter den Idiomen dieser Welt betrachtet werden. Elf Millionen Menschen sprechen es, von Valencia bis nach Südfrankreich. Das ist so viel wie Schwedisch oder Ungarisch und deutlich mehr als Norwegisch. In der Online-Bibliothek Wikipedia gehört Katalanisch zu den 20 meistbenutzten Sprachen.

Wenn man Hochspanisch, genauer Kastilisch, und Französisch versteht, kann man geschriebenes Katalanisch oft entziffern. Gesprochen klingt es allerdings, zumal in der regionalen Inselvariante, deutlich fremder und etwas „knödelig". „Wie mit einer heißen Kartoffel im Mund", beschreibt eine Spanischlehrerin vom Festland den Sound vielleicht nicht ganz unvoreingenommen. Wir wollen das nicht vertiefen, bitten hören Sie selbst bei Ihrem nächsten Besuch.

Der Gebrauch und die Leidenschaft für Mallorquinisch haben zugenommen. Es ist eine Gegenreaktion auf die lange Unterdrückung der Regionalsprachen. Vorsicht deshalb vor einer Geringschätzung dieses identitätsstiftenden Kulturguts, das oft sogar von Dorf zu Dorf variiert.

Auch viele Eigen- und Ortsnamen haben eine katalanische Form. Ihnen ist vielleicht schon aufgefallen, dass wir in diesem Buch in der Regel die katalanische bzw. mallorquinische Variante benutzen. Aus dem spanischen Juan wird dann ein Joan. Aus König Jaime I wird Jaume I. Aus Puerto de Andraitx das vertrautere Port d'Andratx. Und die Islas Baleares verwandeln sich in die nicht weniger schönen Illes Balears.

Ich bin völlig fertig!

Wer Pluspunkte bei den Einheimischen sammeln will oder einfach Spaß an Sprachen hat, findet hier eine mallorquí-Kostprobe, erstellt mit Hilfe einer Insulanerin.

Uèp!	Hallo!
Bon dia	guten Morgen/Tag
	(kann man bis zum Abend benutzen)
Bona nit	gute Nacht
gràcies	danke
per favor	bitte
sí/no	ja/nein
Can/Ca'n/Ca n'	bei (im Haus von),
	wie das französische „chez"
Com anam?	Wie geht's?
Bé, gràcies.	Gut, danke.
Estic fet pols!	Ich bin völlig fertig!
Perdona/perdoni	entschuldige/entschuldigen Sie
Què val...	Was kostet ...?
Amb molt de gust.	Mit dem größten Vergnügen.
És boníssima!	schmeckt ausgezeichnet!
serveis, servicis	Toiletten
homes, homos	Herren
dones	Damen
obert	geöffnet
tancat	geschlossen
estirau	ziehen
empenyeu	drücken
Què noms?	Wie heißt du?
T'estim!	Ich liebe dich!
Vols callar!	Sei still!
adéu	auf Wiedersehen, ade

Mallorquinische Beobachtungen

Eindrücke und weitere Wahrheiten von der so vertrauten und doch immer wieder überraschenden Insel.

Yin und Yang, dieses fernöstliche Prinzip der harmonischen Gegensätze, prägt auch die Popularität Mallorcas: „Storno-Sturm, Preise im Keller: Fast niemand will mehr nach Mallorca" unkte die „Bild"-Zeitung im Juli. Kein Dreivierteljahr später jubelt das „Mallorca Magazin": „Osterinsel Mallorca gefragt wie nie."

Alle Wege führen nach Palma. Selbst oben im Nordosten weisen Schilder zur Hauptstadt auf der entgegengesetzten Inselseite. Dabei suchte man nur einen Hinweis auf die nächst größere Siedlung.

Was ist aber zu halten von diesem Schild: „Totes Direccions" – in alle Richtungen? Ein Scherz auf Kosten des Fremden? Oder ein Beleg für die kluge Lebenssicht der Mallorquiner, dass letztlich, wo immer man sich auch befindet, alles möglich ist?

Fragen Sie nie einen Einheimischen, ob etwas weit weg ist. Für ihn (oder sie) ist alles weit weg. Manacor? Eine Tagesreise! Sóller? Da muss man durch einen Tunnel!

Alles weit weg. Warum aber nennen die Einheimischen Mallorca dann sa roqueta, den kleinen Felsen?

*

Die „Mallorca Zeitung" hat Kellner nach Unterschieden zwischen den Nationen befragt. Deutsche geben strukturiert Sammel-bestellungen auf („zehn Bier bitte"), zahlen dann aber getrennt. Spanier äußern für jedes Getränk einen Extrawunsch, und dann zahlt einer für alle. Der perfekte Gast – oder der größte Schrecken? – wäre ein Deutsch-Spanier.

Nochmal das aufmerksame Servicepersonal: Deutsche hinter-
lassen ihr Hotelzimmer sauber und nicht im Chaos. „Nur für Sand
haben sie ein Faible", wundert sich ein Zimmermädchen, „es ist erstaunlich, wie sie die Betten jeden Tag mit
Sand füllen, viel mehr als andere Nationalitäten.'

Laut einer Studie trägt jeder Strandbesucher pro Tag 30 Gramm
Sand weg. In Schuhen, Taschen, in den Falten der Luftmatratze.
So verschwinden allein an der Platja de Palma 80 Tonnen Sand im
Jahr. Die Zimmermädchen wissen, wo er ist.

Schneefall kurz nach Neujahr. Die Deutschen stöhnen, die
Spanier sind begeistert. Staus auf den Wegen in die Berge,
besonders nach Lluc. Endlich Touristenspaß für Einheimische.

Mallorca, ein Wintermärchen? Viele Wohnungen haben keine
Heizung. Dann verkaufen die Supermärkte Elektroöfen, und die
Kneipen sind voll. Es gibt immer wieder Deutsche, die erwerben
ihr Häuslein im Sommer und wundern sich dann im ersten Winter.

Um 19 Uhr, zur Restaurantöffnung, kommen die Deutschen. Um 21
Uhr folgen die spät speisenden Spanier. Den Schichtwechsel gibt
es auch am Strand: Die Deutschen gehen um 16 Uhr, die Spanier
folgen zum Bad bei Sonnenuntergang.

Ein Bad im Meer – das wagen Mallorquiner allerdings nur im Juli
und August. Unter 25 Grad ist ihnen das Wasser viel zu kalt.

Paella ist auf der Insel ein Mittagessen. Nie würde ein Ein-
heimischer abends eine Reispfanne bestellen.

Pa amb oli wiederum, die Scheibe Brot mit Olivenöl und Tomate,
ist für Deutsche ein Mittag-Snack, für Mallorquiner ein voll-
gültiges Abendessen.

Aromen und Sternenträger

Bäuerliche Küche mit hohem Fischanteil, so kann man die Grundzüge der mallorquinischen Tafelfreuden beschreiben. Wer gerne gut isst, wird auf der Insel keinen Hunger leiden. Es muss ja nicht immer das Hotelrestaurant sein.

Bäuerlich meint: klare Aromen von frischen Waren aus der Umgebung ohne allzu viele Nuancen. Typische Zutaten sind Olivenöl, Knoblauch und Meersalz von Es Trenc. Tomaten, Artischocken, Pilze und Trüffeln aus den Bergen. Lamm, Schwein, Spanferkel, Käse. Ferner, dank der Araber, Mandeln, Orangen, Zitronen, Feigen, Aprikosen, Safran und Reis. Aus dem Mittelmeer werden geerntet: Sóller-Garnelen, Langostinos, Tintenfisch und Dutzende andere Fischarten je nach Saison.

Damit kommt man schon sehr weit.

Wie weit man kommen kann, beweisen die acht bis zehn Restaurants, die Jahr für Jahr mit einem Michelin-Stern ausgezeichnet werden. Ihre Küchenchefs setzen nahezu alle auf die einheimischen Schätze, streben nach dem echten mallorquinischen Geschmack. Das „VORO" in Canyamel trägt inzwischen sogar zwei Sterne – beste Küche der Insel und laut Michelin „einen Umweg wert!" Interstellar liegt Mallorca damit auf der Höhe von Hamburg, das doppelt so viele Einwohner hat.

Die Verteilung ist interessant. Die meisten Spitzenrestaurants residieren in der Hauptstadt. Hier kochen seit Jahren auf hoher Qualität zum Beispiel der in Argentinien geborene Adrían Quetglas und der Brite Marc Fosh. Doch regelmäßig ist auch außerhalb von Palma jede

Seit Jahren eine Institution: der Brite Marc Fosh

Himmelsrichtung mit mindestens einer Sterneküche vertreten, als achteten die Profi-Feinschmecker eigens auf regionale Ausgewogenheit. Im Norden treibt auch eine Küchenchefin das Niveau beständig nach oben: Macarena („Maca") de Castro in Port d'Alcúdia.

Ausgerechnet der oft übersehene Osten hat neben Palma die Nase vorn: das „VORO" haben wir schon erwähnt. In seiner Nachbarschaft zeigt im kleinen Landhotel „Predi Son Jaumell" bei Capdepera einer der Lieblinge der Insel, der in Inca geborene Andreu Genestra, sein Können mit Mut zu Experimenten. Und bis vor wenigen Jahren gab es nur wenige Kilometer südlich, in Sa Coma, noch einen weiteren Sternenträger: Tomeu Caldentey im Ferienhotel „Sa Coma Playa".

Caldentey ist einer der Wegbereiter der mallorquinischen Spitzenküche und kocht immer noch am selben Ort in seinem „Cuiner" erfolgreich und mit hoher Qualität. Nach fünfzehn ehrenvollen Jahren hatte er sich aber entschieden, dies nicht mehr

Mit Zutaten der Insel

nach den strengen Regeln der Gourmetführer zu tun. Sein Konzept basiert nun auf einer verfeinerten Landküche nach Jahreszeit und Marktlage, ohne den Personal- und Kostenaufwand der Edelgastronomie. Während Corona hatte er eine lustige Idee: Man saß draußen auf der Terrasse, konnte sich selbst die Getränke holen, die Weinflasche öffnen, den Cava entkorken. Gebracht wurde nur das Essen. Es fühlte sich an wie eine Familienparty.

Warum steigen wir kulinarisch so weit oben ein? Um zu zeigen, dass die Ferieninsel das volle Spektrum der Kochkunst bietet, von einfach bis vollkommen, und oft zu niedrigeren Preisen als in Nordeuropa. Besonders die Mittagsangebote der Stars sind günstig und ein guter Einstieg in die Sterneküche.

Im Idealfall, so auch auf Mallorca, gibt es zudem einen Trickle-down-Effekt. Kennt man aus der Wirtschaftstheorie, funktioniert aber auch beim Essen. Viele junge Köche orientieren sich in ihren Dorfrestaurants und Landgaststätten an den großen Namen von nebenan. Es ist ganz wunderbar, wenn man etwa im „Es Torrent" neben der Kirche in Son Carrió auf Aromen und kulinarische Tricks trifft, die man so ähnlich auch bei Genestra oder Caldentey hätte finden können. Passt das Umfeld, gibt es erfolgreiche Vorbilder, ist man als junger Küchenheld selbst auch mutiger.

Damit ist ein Appell verbunden: Auch wenn das gebuchte Hotel mit Halbpension oder All inclusive lockt, sollte man wenigstens ein oder zwei Mal das Weite von den Buffets suchen und die Gastronomie außerhalb versuchen. Die deutschsprachigen Wochenzeitungen und das Internet helfen mit Vorschlägen. Oder man fragt die Rezeptionistin im Hotel und den Verkäufer im Geschäft, wo sie hingehen. Die besten „Geheimtipps" gab uns unsere Kellnerin im Pauschalhotel, denn auch sie geht gern nach der Arbeit gut essen.

Auf Ausflügen mit dem Mietwagen sind schon erfreuliche Zufallstreffer gelungen. Ein perfektes Spanferkel in einem Landgasthof bei einer spontanen Pause. Eine überraschend gute Paella in einer Straßenkneipe auf dem Weg nach Can Picafort. In den Restaurants freut man sich über Ihren Besuch. Sie brauchen ihn auch, um überleben zu können.

Eine Suppe, die keine ist

Die Geheimnisse der Inselküche, sortiert von gefällig bis speziell.

Gató: In der Regel ein Mandelbiskuitkuchen, hoffentlich aus Mandeln von der Insel.

Ensaïmadas: Süße Schmalzschnecken, gefüllt und ungefüllt. Für morgens, mittags, abends.

Ajo blanco: Kalte Knoblauchsuppe aus Andalusien. Aber mit Mandeln, deshalb mallorquinisch.

Turrón: Nougat-Tarte aus Honig, Zucker, Eiklar und schon wieder Mandeln.

Pa amb oli: Brot mit Öl. Dazu frische Tomaten, Knoblauch und, wichtig, Salz. Mallorquinisches Graubrot (pa moreno) hat nur wenig oder gar kein Salz.

LLonguets: Kleine Brötchen aus Palma belegt mit Wurst, Käse, Sobrassada, Garnelen …

Porçella: Das mallorquinische Spanferkel entstammt der „schwarzen" Rasse des Porc Negre, eine Kreuzung aus spanischen und keltischen Schweinerassen.

Sopes mallorquines: Eher gabelfester Eintopf als flüssige Suppe, mit Kohl oder Wirsing und Broteinlage. „Trockene Suppe", übersetzte mal eine Speisekarte genauso zutreffend wie verwirrend. Oft auch mit Tomaten, Knoblauch, Zwiebeln, Petersilie. Deftig.

Trampo: Ein Sommersalat aus Tomaten, Paprika, Zwiebeln. Schon kleingeschnitten und mit Dressing. Manchmal auch mit Fisch.

Sobrassada: Streichfähige Rohwurst aus Schweinefett, mit Paprika gewürzt. Leichte säuerliche Rauchnote, wenn sie gut ist. Grundnahrungsmittel seit der Antike. Tipp: Mit Honig probieren.

Coca: Quadratische mallorquinische Pizza belegt mit Paprika, Tomaten, Zwiebeln, Olivenöl. Eher Vorspeise als Hauptgericht.

Tumbet: Gemüseallerlei aus dem Tontopf mit viel Olivenöl. Gibt es auch mit Fleisch. Eher deftig.

Caragols: Schnecken! Meist in Sauce aus Petersilie, Knoblauch, Fenchel und Chili. Muss man mögen.

Eine Prise Luxus:
das Salz der Insel

· ·

In deutschen Supermärkten gehört Es-Trenc-Salz aus Mallorca längst zum Sortiment. Auf der Insel sind die weißen Blechdosen mit farbigem Punkt nahezu unausweichlich geworden. Erfunden hat sie eine Deutsch-Schweizerin.

Das Flor de Sal vom Traumstrand gibt es in vielen Varianten. Gemischt mit schwarzen Oliven, Hibiskus, Szechuanpfeffer, Tomaten, Orangen und Chili. Wer glaubt, es handele sich um eine uralte Tradition, der irrt. Katja Wöhr, geboren in der Schweiz, hat das Edelsalz 2003 auf den Markt gebracht. Eine gute Geschichte, eine gute Verpackung und ein gutes Produkt führten dazu, dass das Salz der Insel plötzlich im Wortsinn in aller Munde war.

Aus dem kleinen Unternehmen Gusto Mundial ist in anderthalb Jahrzehnten ein perfekt am Markt positionierter Gourmet-Spezialist geworden. 2019 kaufte es ein Vermögensverwalter aus Essen, der nach Investitionen in Immobilien und Maschinenbau nun sein Portfolio auf Lebensmittel ausweitet. Der Auftritt im Internet ist nachgerade unheimlich schön. Bärtige junge Männer in weißen Hemden und Strohhüten schöpfen das Salz glücklich lächelnd in Handarbeit. Bilder zeigen Dünen und blaues Meer, Flamingos und Salzbecken im Licht der untergehenden Sonne. Natürlich sorgt die Firma auch für ein gutes Gefühl, sie engagiert sich im Umweltschutz und unterstützt das Hilfsprojekt HOPE Mallorca. Sie dachten, es ginge nur um Salz?

Das Mineral wird seit Jahrhunderten in den Salzgärten Mallorcas geerntet. Der Ort im Südosten, an dem auch das Es-Trenc-Salz entsteht, heißt nicht ohne Grund Ses Salines. Katja Wöhr aber machte aus der Allerweltszutat durch Veredelung ein Lifestyle-Produkt. Auf die Idee kam sie in Südfrankreich. Dort werden die Flocken, die sich oben auf der Sole absetzen, als feines Fleur de Sel seit den 1970er-Jahren vermarktet. Gutes Timing gehört dazu:

Als Wöhr begann, wurde Salz gerade zum großen Ding unter Feinschmeckern und Spitzenköchen. Himalaya-Salz, rotes Hawaiisalz, persisches Saphirsalz, dänisches Wikinger-Rauchsalz – heute gibt es mehr als fünfhundert Sorten aus aller Welt. Sie bestehen gleichwohl überwiegend aus demselben Stoff: Natriumchlorid.

Dank der schönen Verpackung und den kleinen Portionen, die Seltenheit und Exklusivität verheißen, wurde Mallorca-Salz zum perfekten Mitbringsel. Das war der besondere Kniff der Unternehmerin: Salz aus dem Urlaubsort statt aus der exotischen Fremde. Wie mit Wein oder Olivenöl ließ sich mit den strahlendweißen Dosen mediterranes Lebensgefühl exportieren.

Kochsalz ist für ein bis zwei Euro pro Kilo zu haben, Himalaya-Salz für sieben bis acht Euro. Das Es-Trenc-Salz Natur hingegen kostet 55 Euro pro Kilo, die Salz-Gewürzmischungen, mit denen die Firma bekannt wurde, 67 Euro, „Limited Editions" mit Tomate oder Roter Bete sogar 150 Euro. Preissprünge, die selbst Kaffeeröster mit ihren Spezialmischungen vor Neid erblassen lassen. Andere Anbieter sind auf den lukrativen Trend aufgesprungen, auch die Wochenmärkte bieten heute Salzmischungen aus Ses Salines an.

Natürlich gibt es einen Unterschied, wie jeder feststellen kann, der sich eine Prise Kochsalz auf die Zunge legt und dann die „Salzblumen" aus dem Meer. Das Industrieprodukt schmeckt scharf und bitter, die Flocken sind milder und nicht so brennend salzig. Im Nudelwasser macht sich das nicht bemerkbar, beim Nachwürzen von Fleisch, Fisch oder Salat aber schon. Ob es den heftigen Aufpreis rechtfertigt, muss jeder selbst entscheiden.

Salzgewinnung in den Salinen am Es Trenc

Unter mallorquinischer Sonne gereift

Man muss sich Mallorca nicht schön trinken. Das haben wir hoffentlich schon vermittelt. Dass man auf Mallorca aber schön trinken kann, vor allem Inselwein, hat sich in den letzten Jahren herumgesprochen.

Ein Glück, denn die Tintos, Blancos und Rosados der Insel werden nach Jahrzehnten des Niedergangs und der Vernachlässigung immer besser. Einige räumen internationale Preise und Bestnoten ab und müssen sich nicht hinter den Spitzenweinen vom spanischen Festland verstecken.

Dieser Aufschwung ist ambitionierten Winzern zu verdanken, auch Deutsche mischen dabei mit. Er beruht zugleich auf einer gesunden Vielfalt. 107 Weingüter produzieren auf der Insel, alle eher klein an Fläche und Menge. Die Bodegas José L. Ferrer aus Binissalem, 1931 gegründet und in vierter Generation geführt, ist eine der größten unter ihnen mit 120 Hektar eigener Rebfläche und im Schnitt rund 950.000 Flaschen pro Jahr. Zum Vergleich: Das bekannte Kloster Eberbach in Hessen bewirtschaftet die doppelte Fläche.

Ordnen wir die Vielfalt. Auf Mallorca tragen zwei Gebiete eine geschützte Ursprungsbezeichnung, eine Denominación de Origen: Binissalem und Pla i Llevant. Das Anbaugebiet von Binissalem

Weinstöcke vor der
Bodega José L. Ferrer

erstreckt sich im Schutz der Berge um die Gemeinden Santa María del Camí, Binissalem, Sencelles, Consell und Santa Eugènia. Pla i Llevant, ist größer und auf zwei Regionen verteilt, zum einen auf die Ebene in der Inselmitte („Pla") rund um Algaida, Montuïri und bis nach Petra, zum anderen auf den Osten („Llevant") von Manacor über Felanitx bis an die Küste bei Capdepera.

Findet man im Hotelrestaurant oder Supermarkt keine der beiden Bezeichnungen auf dem Etikett, dann könnte es sich um einen Landwein mit der Herkunftsbezeichnung Vino de la Tierra de Mallorca, Vino de la Tierra Serra de Tramuntana-Costa Nord oder Vino de la Tierra Illes Balears handeln.

Einer der bekanntesten Weine, der Blanc de Blanc von Macià Batle, ist so ein Vino de la Tierra de Mallorca. Die Trauben der drei dafür verwendeten weißen Sorten stammen nicht aus einem Anbaugebiet, sondern sind auf der gesamten Insel geerntet oder zugekauft worden. Das bedingt keinen Qualitätsverlust, jede Traube ist unter mallorquinischer Sonne gereift. Die wahre Güte eines Weines entsteht ohnehin erst durch das Können der Kellermeister. Macià Batle, schon 1856 gegründet, ist mit rund 150 Hektar und eine Million Flaschen im Jahr ebenfalls eine der großen Bodegas. Das Sortiment umfasst vier Weißweine, drei Rosés und vier Rotweine.

Angebaut werden Sorten aus aller Welt, von Chardonnay über Merlot bis Syrah oder Malvasier-Trauben, aus denen sogar Süßwein gekeltert wird. Die Winter sind nicht kalt, die Sommer trocken und heiß. Kalkhaltige Böden oder fruchtbare rote Tonerde sorgen für gute Bedingungen. Dank der dreihundert Sonnentage wirken die Rotweine allerdings oft schwer, und die Weißweine haben einen hohen Alkoholgehalt von 14 Prozent. Achten Sie mal auf das Etikett!

Die einheimischen Sorten kommen besser mit der vielen Sonne zurecht. Aus ihnen gepresste Weiße wirken frischer und leichter. Ein Klassiker ist Prensal Blanc, auch Moll genannt. Die Traube schmeckt fruchtig ohne Säure und angenehm würzig, was ihr Tiefe verleiht. Unter den Roten dominiert der Mantonegro. Er erinnert an reife Früchte und Karamell. Meist werden beide mit anderen Trauben verschnitten, um einen komplexeren Geschmack zu erreichen. So macht man es auch beim Bordeaux.

Am anderen Ende des Spektrums, weil jung und klein, findet man Bodegas wie AVA Vï in Sencelles. Sie wurde von Thomas und Alexandra Neumann aus München gegründet, setzt ihren Schwerpunkt auf lokale Rebsorten und hat hoch angesehene Erzeugnisse auf den Markt gebracht.

Binigrau der Brüder Batle in Binali ist schon seit vielen Jahren einer der führenden Namen. Von ihnen stammt der großartige „Nounat", eine Cuvée aus Prensal und Chardonnay. Liegt es an den vielen Auszeichnungen, die dieser Wein einheimste, dass die Flasche vor nicht langer Zeit noch für elf Euro zu haben war, inzwischen aber fast das Doppelte kostet?

Eine weitere deutsche Gründung ist Es Fangar Vins in Felanitx. Der schwäbische Autozulieferer Peter Eisenmann und seine Frau holten sich den Önologen Daniel Morales Rodríguez in ihre spektakuläre neue Bodega. Sie bietet neun Weine in drei Kategorien an, alle organisch und exzellent produziert. Man orientiert sich am Mondkalender und erzeugt Strom mit Sonnenkollektoren.

Wir sprachen die Preise bereits an. Dass ein Inselwein, trotz Liefernähe, teurer als Wein vom spanischen Festland ist, überrascht auf den ersten Blick. Der Hauptgrund sind die Mengen. Die Bodegas vom Festland haben einen viel höheren Ausstoß und können die einzelne Flasche günstiger anbieten. Auch sind die Flächen der Insel begrenzt und teuer. Jedes Rebenfeld konkurriert mit einer möglichen Nutzung als Finca-Wohnsitz oder Hotelgrund. Und schließlich müssen zwar nicht die Trauben, wohl aber Flaschen, Eichenfässer, Stahltanks und Korken herbeigeschafft werden.

Apropos Korken: Der Geschäftsführer von Macià Batle, Ramón Servalls i Batle, legt aus Tradition Wert auf Naturkorken. Die Kellerei wurde von seinem Ururgroßvater 1856 gegründet, inzwischen gehört sie einem familienfremden mallorquinischen Investor. Es ist eine teure Traditionsliebe. Während Kunststoffkorken nur wenige Cent kosten, schlägt ein Verschluss von der

Korkeiche mit rund 70 Cent pro Stück zu Buche. Für die wunderschönen Etiketten der höherklassigen Weine werden Künstler engagiert, jedes Jahr ein anderer. Nicht nur der Inhalt hat einen Jahrgang, sondern auch die Verpackung.

Man kann trotz der höheren Produktionskosten aber auch noch einen „Inselaufschlag" unterstellen, den sich Mallorcas Winzer gönnen. Lokale Produkte sind populär, kein Restaurant, das etwas auf sich hält, kann darauf verzichten, mindestens einen Mallorca-Wein anzubieten. Die Nachfrage ist entsprechend groß, das Angebot begrenzt. Solange der Aufschlag in Traditionspflege und Qualität fließt, will sich niemand beschweren.

Sechzig Prozent des Weins von Macià Batle wird auf der Insel getrunken. Wohin gehen die anderen 400.000 Flaschen? Fast alle, per Schiff, nach Deutschland!

Doch warum schmeckt die Importware in Düsseldorf oder Hamburg anders als in Palma oder Pollença? Psychologen sagen, es fehle die Entspanntheit des Urlaubs, das wirke sich auch auf die Geschmacksnerven aus. Sensorik-Experten verweisen auf die unterschiedliche Luft und Temperatur. Die Würze eines Prensal kommt bei 60 Prozent Luftfeuchtigkeit und Aromen von Meersalz, Pinien und wildem Rosmarin eben besser zur Geltung als an Rhein und Elbe.

Wer kennt schon Manacor

Wie ein balearisches Aschenputtel lebt Manacor im Schatten seiner schönen Schwestern Palma, Valldemossa und Pollença. Die Metropole des Ostens hat im Vergleich zu ihnen nichts zu bieten? Irrtum!

Manacor gilt als schroffe Gegend, anfällig für Verkehrsstaus, voll unverputzter Fassaden und viel zu vielen Möbelgeschäften. Doch die Industrie- und Handelsstadt hat ihren eigenen Charme. Wie ein tapferes Entlein unter eitlen Schwänen.

Streift man durch die Straßen, trifft man auf ein Mallorca wie es früher einmal war. Mit Läden, die man lange nicht mehr auf den Einkaufspromenaden Spaniens sah. Herrenbekleidungsgeschäfte wie die „Casa Salvadoras", in denen die Schaufensterpuppen noch Krawatte tragen. Fachgeschäfte für Tuche und Stoffe wie „Ca'n Fernando". Konditoreien wie „Ca'n Roca" von 1931 in der schmalen Carrer Major oder die Pastisseria „Florit" an der Carrer Joan LLiteras.

Dazwischen opulente Jugendstilbrunnen, Klöster, elegante Herrenhäuser an der Plaça Weyler und Plaça sa Bassa, Reste von Residenzbauten aus den Zeiten der mallorquinischen Könige wie der Torre del Palau. Einige Straßenzüge wurden jüngst sogar verkehrsberuhigt; so gibt sich Manacor fast aus Versehen plötzlich ganz weltläufig. Sieht man über Bausünden und vernachlässigte Ecken hinweg und über den speziellen lokalen Lockdown, der über die Stadt während Corona verhängt wurde (niemand durfte hinein!), entdeckt man viele gefällige Seiten.

In der Carrer Joan Lliteras, nur ein paar Schritte von der Konditorei „Florit", befindet sich „Can Garanya", ein Familiengeschäft, dessen Ruf weit über die Stadt hinaus reicht. Korbwaren und Keramik sind hier zu haben, auch die kleinen weißen Flötenspieler, die Siruell, stehen als Souvenirangebot im Regal. Sie sollen ein Erbe der Phönizier sein. Alles zu niedrigeren Preisen als in den

Die Kirche Nostra Senyora dels Dolors in Manacor hat den höchsten Turm der Insel.

Küstenorten oder den Tummelplätzen der Schickeria wie Cala d'Or oder Artà. Der Familie Garanya gehören an der Straße noch zwei weitere Läden. Der eine bietet Taschen und Schuhe an, der andere Espadrilles und Sonnenhüte.

Mit seinen 41.000 Einwohnern ist Manacor die drittgrößte Gemeinde Mallorcas nach Palma und Calvià. Neben dem Möbelgewerbe, das die Hotels mit Betten, Tischen und Schränken versorgt, bringen Landwirtschaft und Kunstperlen Geld in den Ort. Letztere wurde 1902 von dem Deutschen Eduard Friedrich Hugo Heusch erfunden. Die Produktion beruht auf Sandkernen und Fischschuppen, die mit Hochdruck und Hitze zu täuschend echten Perlen verschmolzen werden. Früher beschäftigte die Perlenindustrie mehr als tausend Mitarbeiter, vorwiegend Frauen. Heute sind es nicht einmal zweihundert. Von Hand wird nur noch das Auffädeln der Perlen erledigt, hinter jeder ein Knoten.

Manacor kommt! heißt es seit langem. Im Sinne von „bald ganz groß raus". Einstweilen gilt, abgesehen vielleicht von den Sommermonaten, weiterhin der selbstkritische Befund einer Fremdenführerin: Manacors größter Vorteil sei, dass es hier kaum Touristen gebe.

Dabei hat die Stadt neben den bereits genannten Vorteilen noch zwei Alleinstellungsmerkmale. Im Zentrum ragt die neogotische Pfarrkirche Nostra Senyora dels Dolors mit ihrem 75 Meter hohen Glockenturm empor. Sie ist das höchste Gebäude Mallorcas, höher als die Kathedrale von Palma. Eine Besichtigung lohnt sich. Der Eintritt ist kostenlos, es gibt keine Warteschlangen, oft ist man fast allein im fußballfeldgroßen Kirchenraum mit seinen Kronleuchtern und Marienfiguren ohne Zahl.

In der Mitte der Kirche dominiert ein Altar von sechzehn Metern Höhe mit gewaltigen Engelsschwingen und Orgien von Blattgold. Genauso sehenswert sind die zehn Seitenkapellen, die teils älter als der heutige Bau aus dem späten neunzehnten Jahrhundert sind. In ihnen hängen Ölgemälde von Päpsten und Heiligen in unterschiedlichen Restaurierungszuständen, auf dem Boden liegen karminrote und pistaziengrüne Fliesen in traditionellen mallorquinischen Mustern.

Die andere Prominenz des Ortes ist Tennisspieler Rafael Nadal. Er wurde 1986 in Manacor geboren. Nadal ist seiner Heimatstadt immer noch verbunden. Hier errichtete er seine Tennisakademie, die sein Onkel Toni leitet, und das Rafa Nadal Museum. Darin sieht man Pokale und Medaillen, Trikots und Erinnerungsstücke von Nadal, aber auch von anderen Spitzensportlern. Die Straße hinunter befindet sich auch das Historische Museum der Stadt, Eintritt frei.

Im Juli und August wirkt Manacor wie stillgelegt. Dann fliehen die Einheimischen vor der Hitze in ihre Sommerresidenzen an der Küste. Nach Porto Cristo etwa, dem alten Hafen von Manacor, oder in den beliebten Ferienort s'Illot, dessen Südteil zur Stadt gehört. Das ahnt nicht jeder Urlauber, der sich an der Platja de s'Illot in der Sonne aalt: Man liegt auf dem feinkörnigen Sand der Möbelmetropole Manacor.

Bon Nadal

„Bon Nadal" liest man jeden Winter in den Schaufenstern und als glitzernden Schriftzug über den Straßen. Es ist kein Gruß an den bekanntesten lebenden Sohn der Insel, Rafael Nadal, sondern der katalanische Wunsch „Frohe Weihnachten".

Jüngst wurde diskutiert, ob man nicht den Flughafen von Palma in Aeropuerto Rafael Nadal umtaufen sollte. Dabei hat der am 3. Juni 1986 in Manacor geborene Ausnahmesportler zum Glück noch gar nicht das Zeitliche gesegnet. Die Ehre wirkt verfrüht, man weiß ja nicht, was noch kommt.

Nirgendwo wird Nadal so geschätzt wie in seiner Heimatstadt. Der scheue Spitzensportler hat sich den Ruf eines reichen Onkels erworben. Fehlt Geld für die Pfarrkirche, die Renovierung eines historischen Gebäudes oder den Weihnachtsschmuck, fragt man nach bei Nadal. Und meist gibt er etwas. Er ist schließlich der Herr Weihnachten. Mit seiner Frau Xisca Perelló, die auch aus Manacor stammt, wohnt er in der Nähe seiner Eltern in einem Landhaus bei Porto Cristo, dem Hafen der Stadt. Dort liegt auch sein Katamaran, mit dem er gern vor der Bucht von Canyamel kreuzt.

Wohlwollen erlangte der Sohn eines Fensterbauers nicht nur durch seine Großzügigkeit und seinen untadeligen Lebensstil. Auch nach Jahren des Erfolges ist er bodenständig geblieben. Wer im rauen Manacor aufwächst, kennt keine Allüren. Selbst das Malloquinische klingt hier rauer als anderswo.

Als den Osten der Insel vor wenigen Jahren ein schweres Unwetter heimsuchte, Sturzbäche binnen Minuten ganze Ortschaften verwüsteten und Menschenleben kosteten, schloss sich Nadal den Helfern an. In Gummistiefeln schippte er im Nachbarort Sant Llorenç den Schlamm weg. Punkt, Satz, Herz gewonnen. Sicherlich half auch eine Million Euro, die seine Stiftung spendete. Der Stadtrat ernannte ihn zum „Adoptivsohn" und widmete ihm zwar keinen Flughafen, aber eine Straße.

Kein karges Häuschen mehr

Eine Finca auf Mallorca, wer hätte die nicht gern! Wohnen wie die Reichen und Schönen. Möglichst mit Blick aufs blaue Mittelmeer. Schauen wir uns das Phänomen des modernen mallorquinischen Landadels genauer an.

Boris Becker hatte von Anfang an kein Glück mit seinem weitläufigen Domizil nahe Artà im Inselosten. Die Finca Son Coll, die er 1997 kaufte, zehn Schlaf- und zehn Badezimmer, 1.600 Quadratmeter Wohnfläche, brachte ihm nur Ärger. Behördlich verhängter Baustopp und Teilabriss, Gerichtsprozesse wegen offener Rechnungen für Gärtner und Handwerker, drei Mal drohende Zwangsversteigerung und dann auch noch Hausbesetzer. Die Traumimmobilie des Tennisstars wurde zum Alptraum. Inzwischen gehört Becker das Anwesen, das ein 22 Hektar großes Grundstück umfasst, nicht mehr. Die Bank, die ihm einst die Hypothek für den Ankauf gab, hat sich das Eigentum einverleibt und an eine britische Privatbank weitergereicht.

Boris Beckers ehemaliges Domizil Son Coll

Hollywoodstar Michael Douglas kann als Grundbesitzer eine glücklichere Geschichte erzählen. Seit 1990 gehört ihm schon das Landgut S'Estaca, zwischen dem berühmten Lochfelsen Sa Foradada und dem beschaulichen Valldemossa im Tramuntana-Gebirge gelegen. 77 Hektar Fläche, sieben Gebäude, Fitnessraum, Weinkeller, Spa, Schwimmbecken und privater Meerzugang. Das Gut gehörte einst dem Erzherzog Ludwig Salvator.

Zwar hat auch Douglas sein Eigentum schon mehrfach als „se vende" (zu verkaufen) annonciert und sogar selbst ein Werbevideo eingesprochen; aber entweder ist ihm nie der Preis geboten worden, den er sich vorstellte, oder die Liebe zu dem Prachtstück war dann doch zu groß. Jüngst verbrachte er wieder viel Zeit mit seiner Familie auf S'Estaca.

Eine Finca ist dem Ursprung nach lediglich ein Grundstück und in Verlängerung die darauf befindliche Immobilie. Als Fincas auf dem Land, fincas rústicas, verstand man Liegenschaften, auf denen Gemüse, Obst, Wein oder Mandeln angebaut wurden. Nur ein karges Häuschen stand in der Regel darauf, in dem der Bauer nach der Feldarbeit übernachtete. Erwirbt man in Spanien eine Wohnung, und sei sie noch so winzig und mitten in der Stadt, ist im Kaufvertrag ebenfalls von „Finca" die Rede, und der neue Eigentümer wird mit dem Ehrentitel „Don" versehen, wie Don Quixote. Weibliche Käuferinnen werden zur „Doña". Das ist gerade beim Hauserwerb passend, schließlich stammt die respektvolle Anrede vom lateinischen „dominus" ab, dem Hausherrn.

Für Don Schmitz oder Doña Finkenhuber als stolze Inhaber einer Eineinhalb-Zimmer-Wohnung in Peguera ist es bis zu einem Finca-Schmuckstück nach dem heutigen Begriffsverständnis allerdings ein weiter Weg. Denn unter Deutschen, besonders unter deutschen Immobilienmaklern, von denen es auf der Insel viele gibt, gilt eine Finca mittlerweile als ein Anwesen auf dem Land, das mindestens einen siebenstelligen Preis erzielt. Auch von karger Bauernhütte keine Spur mehr. Statt dessen Villa, Pool und Tennisplatz.

Becker besaß eine Finca, Michael Douglas immer noch. Weitere Prominente mit exklusivem Grundbesitz auf Mallorca sind Peter Maffay in Pollença, Dieter Bohlen in Santa Ponça, Phil Collins, Lenny Kravitz, Antonio Banderas, Ex-Bond Pierce Brosnan, Multimillionär Richard Branson, angeblich sogar Tom Cruise. Und kennt jemand noch den 70er-Jahre-Star Suzi Quatro? Auch die kleine amerikanische Rockröhre besitzt eine Unterkunft auf der Insel. Ihr zweiter Ehemann brachte sie auf den Geschmack, er ist

Deutscher. Doña Suzi Quatros Finca ist zwar „nur" eine Zweizimmer-wohnung, aber südwestlich von Palma an einem der schönsten Strände und dem Königlichen Golfplatz von Bendinat gelegen.

Woher kennt man die Namen? Viele Stars verschweigen nicht, dass sie Mallorca lieben und dort eine Dependance haben, posten Bilder auf Instagram oder führen Journalisten für Home Stories durch ihr Inselparadies. So kann man zum Beispiel teilhaben an Michael Douglas' „Million Dollar View" auf das Mittelmeer und seinem schönen Pool mit Sonnenliegen aus Korbgeflecht und in bester Pflege stehenden Zierpalmen.

Man findet die Promi-Listen auch auf einschlägigen Makler-Websites dezent verpackt als Heimatkunde nach dem Motto, schauen Sie mal, wer hier alles wohnt! Das treibt die Preise nach oben, so die Hoffnung der Makler. Eine Finca zu besitzen, ist schließlich längst auch eine Visitenkarte, der Beleg, dass man es geschafft hat. Ein sekundärer Reputationsgewinn zu dem Vorteil, an einem der schönsten Plätze Europas die Palmen pflegen und Rattanliegen zurechtrücken zu können.

Becker bezahlte laut „Mallorca Magazin" für seine Finca des Schreckens vor 25 Jahren angeblich gerade einmal umgerechnet eine halbe Million Euro. Als wir zuletzt nachsahen, stand sie trotz der unglücklichen Vorgeschichte bei einem Promi-Makler für 7,9 Millionen Euro zum Verkauf. Andere Objekte der Kategorie Finca erlebten eine ähnliche Preisexplosion. Die Corona-Jahre ließen die Nachfrage noch zusätzlich nach oben schnellen. Ein eigenes Domizil im Süden als Rückzugsort zur Verfügung zu haben, hat in Zeiten von Ausgehbeschränkungen und Home Office an Wert gewonnen.

Blättern wir durch die Inserate. Eine Villa mit fünf Schlafzimmern und 4,4 Hektar Land nahe Andratx ist für 19,5 Millionen Euro zu haben. Eine Villa mit Pool in den Bergen von Deià, freier Blick aufs Meer wie bei Familie Douglas, soll 23 Millionen Euro kosten. Für ein mehrgeschossiges Herrenhaus auf einer Halbinsel bei Port d'Andratx werden 38 Millionen Euro aufgerufen; der Makler tröstet: Falls die 1.200 Quadratmeter Wohnfläche nicht reichen, sei noch genügend Platz für eine zweite Villa …

Freie Sicht aufs Meer:
das Anwesen von Michael Douglas

Das Inselradio spielt keinen Schlager

Auf eines können sich Deutsche, Österreicher und Schweizer auf Mallorca verlassen: ein großes Medienangebot in ihrer Muttersprache. Zeitungen und Magazine aus der Heimat, die eigens für sie eingeflogen werden, dutzende vertraute Sender über Satellit oder Internet. Aber auch an Ort und Stelle erstellte deutschsprachige Angebote. Drei betrachten wir näher.

Die lokalen Publikationen sind mit Liebe zur Insel und journalistischem Anspruch gemacht. Sie haben alle hoffentlich noch ein langes Leben, denn Pressevielfalt ist ein wichtiges Gut, auch wenn die Auflagen der Blätter, zwischen 10.000 und 20.000 Exemplare pro Ausgabe, so hört man, wirtschaftlich keine großen Sprünge erlauben.

Seit mehr als einem halben Jahrhundert erscheint bereits das „Mallorca Magazin", das deutschsprachige Angebot der spanischen Verlagsgruppe Serra, gegründet 1971. Jeden Donnerstag berichten 14 feste Mitarbeiter auf mehr als sechzig Seiten über Lokales und Internationales in den klassischen Ressorts von Politik über Wirtschaft und Kultur bis Sport. Sie erklären die Insel, geben Tipps zum Leben in der Fremde oder für mehr Abwechslung im Urlaub.

Wie ein Dinosaurier erscheint der umfangreiche Kleinanzeigenteil der Wochenzeitung. Inserate von der Wohnung mit „Teilmeerblick" über den deutschen Elektriker bis zur erotischen Tantra-Massage, vermutlich ebenfalls mit deutschsprachigem Höhepunkt. Dass die Anzeigen nicht vollends ins Internet abgewandert sind, zeigt, dass Print auf Mallorca noch zählt.

Aus fünf Jahrzehnten profitiert die Rubrik „Im Archiv geblättert". Offenbar bleibt vieles gleich im Kosmos der Balearen. Der schwankende Erfolg des Fußballclubs Real Mallorca genauso wie Abwasser im Meer und teurer Sprit.

Wie viele Geschichten kann man ohnehin über Mallorca erzählen, drucken, publizieren? Woche für Woche, online Tag für Tag? Ciro Krauthausen, der erfahrene Blattmacher der 2000 gegründeten „Mallorca Zeitung" von Editorial Prensa Ibérica, behauptet, für die deutschen Leser sei journalistisch schon so gut wie jeder Stein umgedreht worden.

Doch zum Glück meint der „MZ"-Chefredakteur das nicht so. Irgendwas ist immer los. In der Tat ist, wenn man durch Krauthausens Zeitung blättert, jede Woche erstaunlich viel los! Ohne auf Schlagersternchen am Ballermann oder die tapferen Helden der unendlichen Auswanderershows zurückgreifen zu müssen, deren Publikumsbeachtung Krauthausen ein wenig wundert.

Erhöhte Taxipreise, die hochschnellende Zahl ausländischer Immobilienkäufer, Abrissbefehle aus Madrid gegen beliebte Strandbars, deutsche Künstler auf der Insel,

Spaniens bester Sommelier ist ein Mallorquiner: All das sind Themen aus einer einzigen Ausgabe der „MZ" in einer Woche im April, also nicht einmal in der Hauptsaison. Die zwölf Redakteure im Verlagsgebäude in Palmas Viertel Nou Llevant haben ein sehr gutes Händchen für Steine, die sich für ihre Leser noch gewinnbringend umdrehen lassen. Die Zeitung ist gründlich gemacht, sie kommentiert kritisch und selbstbewusst. Dass der Autor dieser Zeilen von der „MZ" einen Reportagepreis erhielt, hat ihn nicht beeinflusst. Er schätzte die Zeitung, wie die anderen Inselmedien, schon vorher.

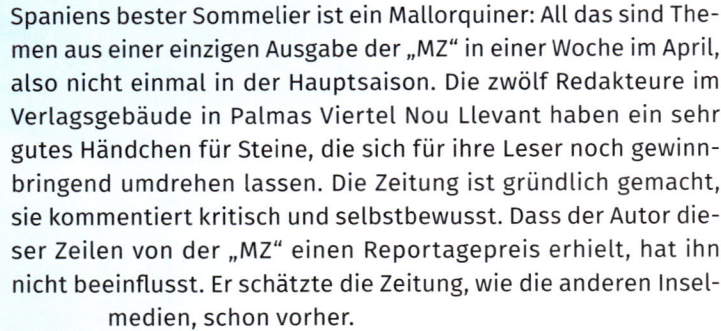

Mallorca hat nicht nur seinen Reiz als Berichterstattungsort, sondern auch als Lebensmittelpunkt. Daniel Vulić, gebürtiger Düsseldorfer, arbeitet seit 25 Jahren beim deutschsprachigen Inselradio und will aus Mallorca nicht mehr weg. Verheiratet mit einer Spanierin, wohnt er in einem Dorf bei Palma, spricht fließend Spanisch und versteht das Wichtigste auf Mallorquinisch.

Der Radiosender ging im August 1996 an den Start, gegründet von dem deutschen Makler Matthias Kühn, der damals die Lizenz bekam, und dem Hamburger Hörfunkprofi

Sendet bis zum Steg ins Meer: das deutschsprachige Inselradio

Uwe Bahn, Hörern von NDR 2 gut bekannt. Ihn holte sich Kühn als Berater. Der Start war bescheiden. Ein winziges Studio von sechs Quadratmetern in einem Keller am Passeig Mallorca.

Seit 2020, mittlerweile gekauft von einem deutscher Rechtsanwalt in Madrid, breitet sich die Redaktion auf den üppigen 410 Quadratmetern einer früheren Privatarztpraxis an der Avinguda de Joan Miró aus, nicht weit vom Castell de Bellver im Viertel Son Armadams. Gesendet wird aus vier Studios mit modernster Technik inklusive eigenem Server-Raum und Notstrom-Aggregat. Im Foyer hängt die größte Diskokugel der Insel, gerettet aus der Diskothek „La Demence". Darunter eine Juke Box von 1970, die mit Pfennigstücken aus einer Plastiktüte gefüttert wird.

Kurios: Ausgerechnet das Inselradio spielt keinen Schlager. Mickie Krause oder Jürgen Drews wird man in seinem „sonnenoptimierten Mix", so die Eigendarstellung, nicht hören. „Nicht unsere Zielgruppe", sagt Vulić trocken, heute Geschäftsführer des Senders. Schlager gebe es ausreichend am Ballermann. Stattdessen rauscht mehrheitsfähiger deutscher, englischer und spanischer Pop über die Frequenzen. Der spanische Anteil, inklusive Latino-Hits, beträgt dreißig Prozent. „Die Deutschen mögen das", versichert Vulić.

Nicht nur der deutsche Geschmack wird damit bedient. Fast zwanzig Prozent der Hörer sind Spanier. Viele von ihnen arbeiten in der Tourismusbranche. „So bekommen sie nicht nur vertraute Musik, sondern noch ein bisschen Deutsch auf die Ohren", erläutert Vulić, der vor seiner Hörfunkzeit beim Bodenpersonal der ehemaligen Fluggesellschaft LTU arbeitete. Radio als unterhaltsame Sprachschule.

Das Publikum beschränkt sich nicht mehr auf die Insel, im Gegenteil. Drei von vier Hörern schalten sich über Internet aus Deutschland, Österreich, der Schweiz oder noch weiter entfernt zu. So stieg die Reichweite auf 400.000 Hörer am Tag. Das Lokalradio der Insel wurde unverhofft zum Auslandssender Mallorcas. Zum Sehnsuchtsanker für Inselexilanten. Dazu fiele uns ein Schlager von Wolfgang Petry ein, aber lassen wir das.

Was Strände kosten

Fast jeder hat eine Vorstellung, wie ein Strand auszusehen hat. Weite, saubere Flächen aus buttergelbem oder weißem Sand, sanft heranrollende Wellen an einem algenfreien Wassersaum. Sie glauben, das ist so naturgegeben? Irrtum. Zumindest nicht auf Mallorca.

Fehlen ohnehin noch Liegen und Schirme zum Urlauberglück, das ist klar. Sie werden Jahr für Jahr zwischen Ostern und Oktober aufgestellt und für die anschwellenden Besucherströme hergerichtet. Sofern man das Glück hat, dass die für den Strand zuständige Gemeinde nicht vergessen hat, rechtzeitig einen Antrag bei der zuständigen Küstenbehörde in Madrid zu stellen (oder Madrid seinerseits die Erteilung der Genehmigung). Das passiert jede Saison aufs Neue, und dann wird die Schuld hin- und hergeschoben. Ähnlich wie bei uns der Winter für die Bahn kommt auf Mallorca der Sommer immer so plötzlich!

Sogar der körnige, saubere Sand, der freie Wassersaum und die Palmen sind meist menschengemacht. Wer einmal einen Strand auf Mallorca „naturbelassen" sehen will, sollte im Winter vorbeikommen. Berge aus graugrünem Neptungras türmen sich dann auf dem Strand. Das längliche Laub stammt nicht von Algen, sondern von einem Seegras, das nur im Mittelmeer wächst. Schön sieht es nicht aus, zumindest an Land, aber es ist elementar für ein gesundes Ökosystem und hält das Wasser so außergewöhnlich klar.

Die Strandflächen sind im Winter meist nur ein reduziertes Abbild ihrer sommerlichen Pracht. Der Sand ist weggespült oder weggeweht und enthüllt Felsen und Steine. In Cala Millor konnte man das zuletzt leider noch zu Beginn der Hauptsaison besichtigen. Erst fehlten coronabedingt die Touristen, dann fehlte der Strand. Statt den üblichen 30 bis 35 Metern Breite waren es teils unter zehn.

Selbst die Palmen, deren Wipfel wie in der Rum-Werbung an der Strandpromenade im Wind rauschen oder am Hotelpool Schatten spenden, sind auf Mallorca keine einheimischen Grazien. Mallorcas Flora brachte nur eine mickrige Zwergpalme hervor. Sie hat nicht das Format, Südseeatmosphäre herbeizuzaubern.

Schon die Mauren importierten deshalb Dattelpalmen und nutzen sie zur Dekoration ihrer Landsitze und Stadthäuser, um die neidischen Nachbarn zu ärgern. In unserer Zeit taten es ihnen Gemeinden, Hotels und Finca-Besitzer nach. Ein teures Vergnügen übrigens. Die Pflanzung einer ansehnlichen Palme von zwölf oder mehr Metern Höhe – heute nimmt man meist Washingtonia oder Phönixpalmen, echte Kokospalmen vertragen die Winterkälte nicht – kostet je nach Exemplar und Transportaufwand fünf- bis zehntausend Euro. Da steht an ihrer Lieblingspromenade vermutlich einiges an Werten herum, falls Sie die Palmen einmal durchzählen wollen.

Wer aber bezahlt den ganzen Spaß, um aus rauen Naturinstagramfähige Traumstrände zu machen? Letzten Endes wir Urlauber. Doch die Sache ist, wie oft auf Mallorca, kompliziert.

Ist das noch Mallorca oder schon die Karibik? Traumstrand Es Trenc

208 Strände gibt es auf Mallorca, ein Drittel von ihnen wird „bewirtschaftet", also gepflegt und mit Liegen und Schirmen ausgestattet. Die Strände gehören alle dem spanischen Staat. Es gibt keine Privatstrände auf den Balearen. Die sechzehn Küstengemeinden, auf deren Gebiet sie liegen, können das Nutzungsrecht von der Küstenbehörde in Madrid pachten. In der Regel geben sie dieses Recht dann an Konzessionäre weiter. Manche Gemeinden finden keine Konzessionäre oder verpassen die rechtzeitige Ausschreibung und übernehmen dann die Bewirtschaftung selbst. In dem einen Jahr machen sie es so, im nächsten wieder anders. Es gibt kein einheitliches System.

Die privaten Konzessionäre, die oft mehrere Strände gleichzeitig pflegen, zahlen an die Gemeinde dann zweierlei Posten: Einerseits die Pachtgebühr, die wiederum nach Madrid weitergeleitet wird, andererseits eine Lizenz, um Liegen, Schirme, Strandkioske oder Tretboote anbieten zu dürfen. Diese Lizenzeinnahmen behält die Gemeinde.

Die Firmen finanzieren ihre Lizenzen im Wesentlichen durch – Sie ahnen es – die Mieten, die Urlauber für die aufgestellten Liegen und Schirme berappen, oder durch die Fahrt im Tretboot und die Cola am Strandkiosk. Gute Einnahmequellen sind auch Parkplätze in Strandnähe.

Was das in Summe über die ganze Insel ausmacht, ist nicht bekannt. Manche Gemeinden nennen ihre Strandeinnahmen, andere schweigen sich aus. Jede Gemeinde, man muss sogar sagen, jeder Strand hat ein eigenes Preissystem. Das erklärt, warum zwei Liegen und ein Schirm in der einen Bucht 13 oder 14 Euro am Tag kosten und am Strand nebenan bis zu 30 Euro.

Zuletzt kursierte diese Schätzung: 18 Millionen Euro pro Jahr verbuchen die 16 Küstengemeinden aus dem Strandgeschäft. Je nach Größe beziehungsweise Popularität der von der Natur bereitgestellten Badestellen zwischen 200.000 Euro und einer Million Euro pro Saison und Strand. Zu den Bestverdienern gehören Calvià, das 14 Strände in Betrieb hat, darunter Peguera, Palmanova und Santa Ponça, sowie Campos mit dem Star der Strände, Es Trenc.

Ein Bombengeschäft für alle Beteiligten? Danke, Urlauber?
Das wurde lange so unterstellt. Aber Zweifel sind angebracht.
So klagen die privaten Konzessionäre, dass die Anforderungen
der Gemeinden immer höher werden. Das betrifft die Zahl der
Rettungsschwimmer, die Einrichtung behindertengerechter Zu-
gänge und Toiletten, die strengeren Umweltschutzvorgaben, die
aufwändigen Renovierungs- und Reinigungsarbeiten. Nacht für
Nacht müssen beliebte Strände wie Palma, Cala Millor oder Muro
gereinigt werden. Dies mit großen und schweren Maschinen zu
bewerkstelligen, die den Strand wie ein Feld im Frühling um-
pflügen, ist zunehmend verpönt.

Wird immer schmaler: der Strand von Cala Millor

Die Tagespreise für Liegen und Schirme können hingegen nicht einfach kostengerecht erhöht werden, sie werden zumeist von den Gemeinden gedeckelt. Touristen haben Schmerzgrenzen, zumal vier- oder fünfköpfige Familien, für die die „Strandnebenkosten" mit allem Drum und Dran – Liegen, Parkplatz, Essen, Tretboot – fast schon so teuer werden können wie die Übernachtung im Hotel.

So kam es, dass in den vergangenen Jahren, zumal in den Corona-Zeiten mit wenigen Gästen, manche Gemeinde ihre Strände nicht loswurde. Die „Mallorca Zeitung" berichtete aus dem Rathaus von Manacor, dass keine Firma bereit war, sich um die anfallenden Arbeiten zu kümmern. Letztlich entschied sich die Gemeinde, den Stranddienst selbst zu übernehmen. Eine Folge war, dass nur noch die Hälfte der üblichen Liegen und Schirme an den neun Stränden von S'Illot über Porto Cristo bis zur Cala Murada bereitstand. Mehr schaffte der städtische Versorger nicht, der gleichsam über Nacht zu seiner neuen Aufgabe gekommen war und sich bisher um die Parkhäuser gekümmert hatte. Es gab Stimmen, die fanden das reduzierte Strandmobiliar gar nicht so schlecht.

Wie bei fast jedem wertvollen Gut werden auf Mallorca die Strände knapp. Immer heftigere Winterstürme tragen große Teile weg, hohe Wellen reißen den Sand zurück ins Meer. Also muss aufgeschüttet werden. Der Sand dafür wird entweder direkt aus dem vorliegenden Meeresgrund gebaggert, oder er wird von anderen Küstenabschnitten oder Steinbrüchen herangekarrt. Dann kommt der nächste Winter, und der schöne Sand ist wieder weg.

Besonders der Inselosten ist davon betroffen. Aber auch die Bucht von Palma musste schon für siebenstellige Summen ausgebessert werden. Zum Teil bezahlt das die Zentralregierung, zum Teil müssen es die Gemeinden mitfinanzieren. Schon deshalb sind sie an nachhaltigeren Wegen interessiert, um die Strände in aller Pracht zu erhalten. Ein besserer Schutz der Dünen gehört dazu. Keine fest installierten Strandkioske mehr, die den Boden verdichten – ein sehr umstrittenes Thema bis hoch in die

Staatsregierung, weil so mancher Publikumsliebling auf Mallorca zuletzt dichtmachen musste. Ferner: Das Neptungras vor den Küsten bewahren und im Winter an den Ufern liegen lassen.

Graubraune Grashaufen statt goldgelbe Strände. Sieht nicht so schön aus, sichert aber hoffentlich die Zukunft des Badeparadieses Mallorca.

Passt auf: Lebensretter an der Platja de Muro

Alles vorbereitet: Liegen am Strand

Die sieben besten Strände

Zweihundertacht Strände, und welche sind die besten? Hier sieben Toplagen auf einen Streich, aufgezählt im Uhrzeigersinn, beginnend im Norden.

Platja de Muro – groß, weit, viel Gastronomie und Spaß, perfekt für Familien. Das gute Stück im Norden zwischen Alcúdia und Can Picafort.

Cala Mesquida – erinnert mit der Dünenlandschaft an Sylt. Wieder ein Strand der Kategorie „viel Platz". Im Nordosten bei Capdepera.

Cala Torta – ein Naturstrand ohne jeden Service nördlich von Artà. Eine unbefestigte Straße führt zwischen unbebauten Hügeln hindurch. Klares Wasser, Schnorcheln lohnt sich.

S'Amarador – im Naturschutzgebiet Cala Mondragó im Südosten bei Santanyí. Mit Pinienwald fast bis ans Meer und feinem, weißen Sand.

Es Trenc – Mallorcas Leihgabe aus der Karibik. Einer der schönsten Strände Europas. Deshalb einer der beliebtesten. Wer früh hinfährt, hat weniger Stress.

Cala Pi – ein flach abfallender Strand umgeben von Steilküste. So stellt man sich die typische mallorquinische Badebucht vor.

Cala Deià – Kein Sandstrand, aber mit kristallklarem Wasser und der Strandbar, in der die Serie „The Night Manager" gedreht wurde. Auch deshalb ausgewählt, weil der halbstündige Wanderweg hierher vom Dorf so schön ist.

Sie haben noch einen Liebling? Schicken Sie mir Ihren Vorschlag (Adresse im hinteren Bucheinband).

Kein Balneario weit und breit:
die Platja de S'Amarador

Keine Fotomontage: Schneefall in Palma

Mallorca im Winter

Wer die Insel zwischen November und März besucht, trifft auf viel Ruhe, gesprächsbereite Einheimische – und Bauarbeiter.

Kennt man Mallorca nur aus dem Sommer, traut man in den Wintermonaten seinen Augen kaum. Der große Flughafen ist fast leer, keine Schlangen vor den Gepäckbändern und auch nicht vor den Mietwagenschaltern. Die Straßen sind frei, auf grünen Wiesen, dem Herbstregen sei Dank, grasen Schafe mit ihren Lämmern. Gelb blüht der Klee, die Mandelbäume überzieht ein rosaweißer Flor.

Mallorca im Winter ist eine andere Insel. Die Ferienhotels sind verhüllt mit blickdichten Papierbahnen hinter Fenstern und Türen. Man parkt am Strand in erster Reihe. Auf den Promenaden flanieren die Einheimischen in der Überzahl, in Daunenjacken und Mützen. Der November gilt als „kleiner Sommer", die Temperaturen erreichen 20, sogar 25 Grad. Auch der Januar kann, meist gleich nach dem Jahreswechsel, prächtige Tage liefern mit blitzblauem Himmel und acht Stunden Sonne. Tollkühn springt mancher ins 14 Grad kalte Meer.

Doch kaum dämmert es, schlägt die feuchte Kälte zu. Die Einheimischen tragen ihre dicken Jacken nicht ohne Grund. Wohl dem, dessen Wohnung oder Hotelzimmer über Zentralheizung verfügt. Es gibt recht zuverlässig Schnee. Knietief! Das ist kein Witz, aber ein bisschen übertrieben schon, weil sich der Schnee in der Regel auf die Berge beschränkt. Aber manchmal dringt er bis in die Ebenen vor.

Seit langem versuchen die Tourismuschefs die Saison auszudehnen, um die Besucher besser zu verteilen. Möglichst über das ganze Jahr hinweg, mindestens in den November hinein, und wieder ab der Mandelblüte Ende Januar. Gleichwohl spielen die örtlichen Gastgeber nicht mit. Palma ist ein echtes Ganzjahresziel, das stimmt. Da bleibt vieles geöffnet, auf den Straßen herrscht Leben. Die Ferienorte an der Küste jedoch – Can Picafort, Canyamel, Sa Coma, Cala Figuera – sind tot. Meist ist nur eine Schar Bauarbeiter mit Presslufthämmern unterwegs, um Straßen aufzureißen. In den Hotels kreischen Kreissägen. Der nächste Sommer muss vorbereitet werden.

Zu den unterhaltsamsten Aktivitäten im Winter gehört deshalb, abends ein geöffnetes Restaurant zu finden. So wie im Frühling die Nordeuropäer wie auf ein geheimes Zeichen hin die Flieger Richtung Süden besteigen, so verlassen spätestens im Dezember viele Gastronomen ihre Insel. Sie besuchen die Familie auf dem Festland, zählen ihr Geld in der Karibik oder sammeln Kräfte unter fremden Palmen. Jetzt machen wir mal Urlaub! Und die Angestellten können Überstunden abbummeln, sofern sie nicht sowieso nur einen Saisonvertrag haben. Ab Ostern geht es wieder los.

Findet man doch einen Schankbetrieb, in dem noch Licht brennt, erntet man anerkennendes Nicken, dass man sich auch im Winter her traut. Zusammengerottet unter dem Heizstrahler werden neue Bekanntschaften geschlossen. Und endlich hat auch mal der Inhaber Zeit, sich dazu zu setzen. Im Sommer schafft er das vor lauter Arbeit nicht. Die Stille der Insel bringt ins Gespräch. Der Winter in Mallorca ist vielleicht die beste Zeit des gegenseitigen Kennenlernens.

Am Ende der Welt

Cap Formentor, das Ende der Welt, liegt hoch im Norden auf einer Steilwand, die wie ein fast vergessener Gedanke ins Meer ragt. Ein weißer Leuchtturm, der Far de Formentor, erhebt sich 210 Meter über dem Wasser.

Am 30. April 1863 wurde der Leuchtturm in Betrieb genommen. Damals tobte auf der anderen Seite der Erde gerade der amerikanische Bürgerkrieg. Der Turm ist einer von dreizehn, die noch ihren Dienst versehen. Vier Lichtblitze, alle zwanzig Sekunden, sind sein Signal. An schönen Tagen kann man von ihm aus bis nach Menorca blicken. Vor allem aber blickt man auf das endlose, wogende Blau. Nie wirkt Mallorca kleiner, als auf Cap Formentor mit der Insel im Rücken.

Der Weg zum Leuchtturm ist eine Sackgasse mit Serpentinen. Über zwanzig Kilometer zieht sich die Ma-2210 von Pollença wie ein Härtetest für Mietwagenfahrer hinauf bis ans Ende der Welt. Sie durchquert einen dunklen Zauberwald aus Steineichen und Pinien, streift das alte Hotel Formentor aus den 1920er Jahren. Hinter dichten Bäumen träumt es wie ein verwunschenes Schloss von besseren Zeiten. Der Geist von Peter Ustinov spukt durch die langen Gänge. Charlie Chaplin und Grace Kelly gehörten auch zu den Gästen.

Die Straße schwingt sich hinauf ins Licht und wieder hinab in schattige Tiefen. Bergziegen springen auf die Piste, als wollten sie die Autofahrer ärgern. Der Mietwagen kuppelt und keucht mit viel zu wenig PS. Ein Pulk durchtrainierter Radfahrer schießt bergab wie fliehende Gazellen. Wenn eines fernen Tages niemand mehr auf Mallorca ist, dann strampelt irgendwo noch ein Radfahrer mit kurzen Hosen und neongelbem Hemd.

Am Cap Formentor treffen sich die Winde der vier Himmelsrichtungen. Tramuntana, Ponent, Migjorn und Llevant. Die vier Brüder liehen ihre Namen den Landschaften und Bergen. Das große, massive Tramuntana-Gebirge, es ist ein Kind der Lüfte.

Eine Prüfung ist die Ma-2210 besonders im Sommer. So dicht reiht sich dann Auto an Auto, dass ein kilometerlanger Stau entsteht wie in Frankfurt zum Berufsverkehr. In den vergangenen Jahren sperrte man die Strecke von Mitte Juni bis Mitte September für private Fahrzeuge.

Cap Formentor, Cap Finisterre in Galizien oder Fin del Mundo im Süden Argentiniens – die Enden der Erde sind ein Schlusspunkt und fordern doch auf, weiterzugehen. Zu erkunden, was hinter dem Wasser liegt. Und dann klüger wiederzukommen. Immer wiederzukommen.

Was ist größer, fragte unser Bauer aus Alaró den Fremden, Mallorca oder das da draußen?

Kommt darauf an, wo man steht.

Cap Formentor
mit Leuchtturm

Das Quiz für echte Mallorca-Experten

1. Welcher Stadtname geht nicht auf die Mauren zurück?

a) Pollença
b) Alcúdia
c) Manacor

2. Wie groß ist Mallorca?

a) 640 km²
b) 1.640 km²
c) 3.640 km²

3. Womit verteidigten sich die frühen Inselbewohner?

a) Mit Giftpfeilen
b) Mit schrillen Pfeifgeräuschen
c) Mit Steinschleudern

4. Wie heißt das Seegras, das sich im Winter an Mallorcas Stränden häuft?

a) Odysseus-Schnäuzer
b) Engelshaar
c) Neptungras

5. In welchem Gericht sind keine Mandeln?

a) Turron
b) Tumbet
c) Ajo blanco

6. Die Kathedrale in Palma hat wie viele Glocken?

a) 9
b) 12
c) 13

7. Zu welchem Ereignis wurde die größte Glocke geläutet?

a) Eroberung Mallorcas durch die Christen
b) Thronfolger geboren
c) Papst flog über Mallorca

8. Das Inselradio spielt welche Musikrichtung nicht?

a) Latino
b) 80er-Jahre-Musik
c) Schlager

9. Welcher Milliardär kreuzte mehrfach mit seiner Superjacht vor Palma?

a) Donald Trump
b) Jack Ma
c) Bill Gates

10. Wer sagte den Mallorquinern Trägheit und krumme Beine nach?

a) Jürgen Drews
b) George Sand
c) Prince Charles

11. Wer besitzt eine Finca auf Mallorca?

a) Peter Maffay
b) Boris Becker
c) Karl Lauterbach

12. Welche Wassertemperatur erreicht das Mittelmeer vor Mallorca im August im Schnitt?

a) 22 Grad
b) 25 Grad
c) 28 Grad

13. Wie viele Balnearios (Kioske) gibt es am Strand von Palma?

a) 6
b) 10
c) 15

14. Welchen Schlagerstar gibt es am Ballermann (noch) nicht?

a) Tim Toupet
b) Günther Gebiss
c) Ikke Hüftgold

15. Jürgen Drews war „Der König von Mallorca" und „der Prinz von…"?

a) Can Picafort
b) Arenal
c) Banyalbufar

16. Welcher Badeort auf Mallorca ist frei erfunden?

a) Cala Torta
b) Cala Bona
c) Cala Mala

17. Wieviel Sand wird jährlich am Strand von Palma von den Badegästen weggetragen?

a) 40 Tonnen
b) 60 Tonnen
c) 80 Tonnen

18. Wo wurde Tennisspieler Rafael Nadal geboren?

a) Inca
b) Petra
c) Manacor

19. Der sogenannte Hamburger Hügel liegt bei?

a) Andratx
b) Randa
c) Santanyí

20. Wie heißen die drei offiziell schönsten Dörfer der Insel?

a) Manacor, Montuiri und Sineu
b) Alcúdia, Fornalutx und Pollença
c) Alcúdia, Algaida und Andratx

21. Woraus besteht das typische Gericht Pa amb oli?

a) Milch und Mandeln
b) Brot mit Öl und Tomaten
c) Brot mit Paprikawurst

22. Wie viele geschützte Weinanbaugebiete (D.O.) gibt es auf Mallorca?

a) 2
b) 4
c) 6,5

23. Migjorn und Raiguer sind:

a) Die Namen zweier Könige von Mallorca
b) Die Brüder von Rafael Nadal
c) Zwei Landschaftszonen der Insel

Quiz-Lösungen

- -

1 a – Pollença
2 c – 3.640 km²
3 c – Mit Steinschleudern
4 c – Neptungras
5 b – Tumbet
6 a – 9
7 c – Papst flog über Mallorca
8 c – Schlager
9 b – Jack Ma
10 b – George Sand
11 a – Peter Maffay
12 b – 25 Grad
13 c – 15

14 b – Günther Gebiss
15 b – Arenal
16 c – Cala Mala
17 c – 80 Tonnen
18 c – Manacor
19 c – Santanyí
20 b – Alcúdia, Fornalutx und Pollença
21 b – Brot mit Öl und Tomaten
22 a – 2
23 c – Zwei Landschaftszonen der Insel

Zitate

. . . .

„Wir gingen nach Mallorca, weil es billig und schön war und es außer uns kaum Touristen gab."
Jorge Luis Borges, argentinischer Schriftsteller

„Mallorca ist Poesie und Licht."
Joan Miró, spanischer Maler

„Nie habe ich so sehr unter Kälte gelitten."
George Sand, Pariser Society-Lady

*„Ich bin der König von Mallorca.
Ich bin der Prinz von Arenal.
Ich habe zwar einen an der Krone,
doch das ist mir scheißegal."*
Jürgen Drews, deutscher Schlagerstar

„Wenige Städte bieten dem Ankommenden ein so liebliches Bild."
Ludwig Salvator, Erzherzog, über Palma

„Ziegen gibt es auf Mallorca. Sie stehen auf den Berghängen und lachen dich aus."
Djuna Barnes, amerikanische Autorin

„Nehmen uns die Engländer jetzt die Liegen auf Malle weg?"
Bild, deutsches Boulevardblatt

„Ich will´s mir faul und friedlich gut gehen lassen."
Vito von Eichborn, Verleger, über Mallorca

INSEL DER TRÄUME

Der renommierte Luftbildfotograf und Mallorca-Kenner Hans Blossey lässt uns die „Königin der Balearen" neu erleben: traumhafte Sandstrände, versteckte Buchten, idyllische Dörfer, die herrlichen Gebirgszüge der Serra de Tramuntana oder die Betriebsamkeit der Inselhauptstadt Palma. Eine spannende Reise mit faszinierenden Aufnahmen. Mallorca at its best!

Hans Blossey
Mallorca von oben
Die schönsten Luftbilder der Insel

160 Seiten, zahlr. farb. Abbildungen
Klappenbroschur, 18,95 €
ISBN 978-3-8375-2366-9